全椒古代典籍叢書

吴敬梓集

3

（清）吴敬梓 撰

政協全椒縣委員會 編
國家圖書館出版社

第三册目録

儒林外史五十六回（第二十八至四十一回）

（清）吴敬梓 撰

清嘉慶八年（1803）卧閑草堂刻本

儒林外史第二十八回

季葦蕭揚州入贅　蕭金鉉白下選書

話說鮑廷璽走到䦨門遇見跟他哥的小厮阿三阿三前走後面跟了一个閑漢挑了一担東西是些三牲和些銀錠紙馬之類鮑廷璽道阿三倪大太爺在衙門裡麼倪這些東西叫人挑了同他到那裡去阿三道六太爺來了大太爺自從南京回來進了大老爺衙門打發人上京接太太去去的人回說太太已於前月去世大

太爺着了這一急得了重病不多幾日就歸天
了大太爺的靈柩現在城外厝着小的便搬在
飯店裡住今日是大太爺頭七小的送這三牲
紙馬到墳上燒紙去鮑廷璽聽了這話兩眼大
睜着話也說不出來慌問道怎麼說大太爺死
了阿三道是大太爺去世了鮑廷璽哭倒在地
阿三扶了起來當下不進城了就同阿三到他哥
哥厝基的所在擺下牲醴澆奠了酒焚起紙錢
哭道哥哥陰魂不遠你兄弟來遲一步就不能

再見大哥一面說罷又慟哭了一塲阿三勸了回來在飯店裡住下次日鮑廷璽將自己盤纏又買了一副牲醴紙錢去上了哥哥墳回來連連在飯店裡住了几天盤纏也用盡了阿三也辭了他往別處去了思量沒有主意只得把新做來的一件見撫院的紬直裰當了兩把銀子且到揚州尋尋季姑爺再處當下搭船一直來到揚州往道門口去問季葦蕭的下處門簿上寫著寓在興教寺忙找到興教寺和尚道季相

公麼他今日在五城巷引行公店隔壁尤家招親你到那里去尋鮑廷璽一直找到尤家見那家門口掛着彩子三間廠廳坐了一廠廳的客正中書案上點着兩枝通紅的蠟燭中間懸著一軸百子圖的畫兩邊帖着硃箋紙的對聯上寫道清風明月常如此才子佳人信有之季葦蕭戴著新方巾穿著銀紅紬直裰在那裡陪客見了鮑廷璽進來嚇了一跳同他作了揖請他坐下說道姑老爺纔從蘇州回來的鮑廷璽道

正是恰又遇著姑爺恭喜我來吃喜酒坐上的
客問此位尊姓季葦蕭代答道這舍親姓鮑是
我的賤內的姑爺是小弟的姑丈人眾人道原
來是姑太爺失敬失敬鮑廷璽問各位太爺尊
姓季葦蕭指著上首席坐的兩位道這位是辛
東之先生這位是金寓劉先生二位是揚州大
名士作詩的從古也沒有這好的又且書法絕
妙天下沒有第三个說罷擺上飯來二位先生
首席鮑廷璽三席還有幾个人都是尤家親戚

坐了一桌子吃過了飯那些親戚們同季葦蕭
裡面料理事去了鮑廷璽坐着同那兩位先生
攀談辛先生道揚州這些有錢的鹽獃子其實
可惡就如河下興盛旂馮家他有十幾萬銀子
他從徽州請了我出來住了半年我說你要為
我的情就一總送我二三千銀子他竟一毛不
拔我後來向人說馮家他這銀子該給我的他
將來死的時候這十几萬銀子一个錢也帶不
去到陰司裡是个窮鬼閻王要盖森羅寶殿這

四个字的匾少不的是請我寫至少也得送我一萬銀子我那時就把幾千與他用用也不可知何必如此計較說罷笑了季先生道這話一絲也不錯前日不多時河下方家來請我寫一副對聯共是二十二个字他叫小厮送了八十兩銀子來謝我我叫他小厮到跟前吩咐他道你拜上你家老爺說金老爺的字是在京師王爺府裏品過價錢的小字是一兩一个大字十兩一个我這二十二个字平買平賣時價值二

百二十兩銀子你若是三百一十九兩九錢也不必來取對聯那小厮回家去說了方家這畜生賣弄有錢竟坐了轎子到我下處來把二百二十兩銀子與我我把對聯還與他他兩把把對聯扯碎了我登時大怒把這銀子打開一總都攢在街上給那些挑鹽的拾糞的去了列位你說這樣小人豈不可惡正說着季葦蕭走了出來笑說道你們在這裡講鹽獃子的故事我近日聽見說揚州是六精辛東之道是五精

罷了那里六精季葦蕭道是六精的狠我說與你聽他轎裡是坐的債精抬轎的是牛精跟轎的是屁精看門的是講精家裡藏着的是妖精這是五精了而今時作這些鹽商頭上戴的是方巾中間定是一个水晶結子合起來是六精說罷一齊笑了捧上麵來吃四人吃着鮑廷璽問道我聽見說鹽務裡這些有錢的到麵店裡八分一碗的麵只呷一口湯就拿下去賞與轎夫吃這話可是有的麼辛先生道怎麼不是有

的金先生道他那裡當眞吃不下他本是在家裡泡了一碗鍋巴吃了纔到麵店去的當下說着笑話天色晚了下來裡面吹打着引季葦蕭進了洞房衆人上席吃酒吃罷各散鮑廷璽仍舊到鈔關飯店裡住了一夜次日來賀喜看新人看罷出來坐在廳上鮑廷璽悄悄問季葦蕭道姑爺你前面的姑奶奶不曾聽見怎的你怎麼又做這件事季葦蕭指着對聯與他看道你不見才子佳人信有之我們風流人物只要才

子佳人會合一房兩房何足爲奇鮑廷璽道這
也罷了你這些費用是那裡來的季葦蕭道我
一到揚州荀年伯就送了我一百二十兩銀子
又把我在瓜洲管關稅只怕還要在這裡過幾
年所以又娶一个親姑老爺你幾時回南京去
鮑廷璽道姑爺不瞞你說我在蘇州去投奔一
个親戚投不着來到這裡而今並沒有盤纏回
南京季葦蕭道這个容易我如今送幾錢銀子
與姑老爹做盤費還要托姑老爺帶一个書子

到南京去正說着只見那辛先生金先生和一个道士又有一个人一齊來吵房季葦蕭讓了進去新房裡吵了一會出來坐下辛先生指着這兩位向季葦蕭道這位道友尊姓來號霞士也是我們揚州詩人這位是蕪湖郭鐵筆先生鐫的圖書最妙今日也趁着喜事來奉訪季葦蕭問了二位的下處說道即日來答拜辛先生和金先生道這位令親鮑老爹前日聽說尊府是南京的那幾時回南京去季葦蕭道也就在

這一兩日問那兩位先生道這等我們不能同行了我們同在這个俗地方人不知道敬重將來也要到南京去說了一會話四人作別去了鮑廷璽問道姑爺你帶書子到南京與那一位朋友季葦蕭道他也是我們安慶人也姓季叫作季恬逸和我同姓不宗前日同我一路出來的我如今在這裡不得回去他是沒用的人寄个字叫他回家鮑廷璽道姑爺你這字可會寫下季葦蕭道不會寫下我今晚寫了姑老爹明

日來取這字和盤纏後日起身去罷鮑廷璽應諾去了當晚季葦蕭寫了字封下五錢銀子等鮑廷璽次日來拏次日早晨一个人坐了轎子來拜傳進帖子上寫年家眷同學弟宗姬頓首拜季葦蕭迎了出去見那人方巾闊服古貌古心進來坐下季葦蕭動問仙鄉尊字那人道賤字穆菴敝處湖廣一向在京同謝茂秦先生館於趙王家裡因反舍走走在這裡路過聞知太名特來進謁有一个小照行樂求大筆一題將

來還要帶到南京去裱褙請諸名公題詠季葦蕭
道先生大名如雷灌耳小弟獻醜真是弄斧班
門了說罷吃了茶打恭上轎而去恰好鮑廷璽
走來取了書子和盤纏謝了季葦蕭季葦蕭向
他說姑老爹到南京千萬尋到狀元境勸我那
朋友季恬逸回去南京這地方是可以餓的死
人的萬不可久住說畢送了出來鮑廷璽拏着
這幾錢銀子搭了船回到南京進了家門把這
些苦處告訴太太一偏又被太太臭罵了一頓

施御史又來催他兌房價他沒銀子兌只得把房子退還施家這二十兩押議的銀子做了干罰沒處存身太太只得在內橋娘家胡姓借了一間房子搬進去住着住了幾日鮑廷璽拏着書子尋到狀元境尋著了季恬逸季恬逸接書看了請他吃了一壺茶說道有勞鮑老爹這些話我都知道了鮑廷璽別過自去了這季恬逸因缺少盤纏沒處尋寓所住每日裡拏着八个錢買四个弔桶底作兩頓吃晚裡在刻字店一

个案板上睡覺這日見了書子知道季葦蕭不來越發慌了又沒有盤纏回安慶去終日吃了餅坐在刻字店里出神那一日早上連餅也沒的吃只見外面走進一个人來頭戴方巾身穿元色直裰走了進來和他拱一拱手季恬逸拉他在板櫈上坐下那人道先生尊姓季恬逸道賤姓季那人道請問先生這裡可有選文章的名士麼季恬逸道多的狠衛體善隨岑菴馬純上蘧駪夫匡超人我都認的還有前日同我在

這里的季葦蕭這都是大名你要那一个那人道不拘那一位我小弟有二三百銀子要選一部文章煩先生替我尋一位來我同他好合選季恬逸道你先生尊姓貴處也說與我好去尋人那人道我複姓諸葛盱眙縣人說起來人也還知道的先生竟去尋一位來便了季恬逸請他坐在那裡自已走上街來心裡想道這些人雖常來在這裡却是散在各處這一會沒頭沒腦往那裡去捉可惜季葦蕭又不在這裡又

想道不必管他我如今只望着水西門一路大街走過着那个就捉了來且混他些東西吃吃再處主意已定一直走到水西門口只見一个人挑着一担行李進城他舉眼看時認得是安慶的蕭金鉉他喜出望外道好了上前一把拉着說道金兄你幾時來的蕭金鉉道原來是恬兒你可同葦蕭在一處季恬逸道葦蕭久已到揚州去了我如今在一个地方你來的恰好如今有一樁大生意作成你你却不可忘了我蕭

金鉉道甚麼大生意季恬逸道你不要管你只同着我走包倪有幾天快活日子過蕭金鉉聽了同他一齊來到狀元境刻字店只見那姓諸葛的正在那裡探頭探腦的望季恬逸高聲道諸葛先生我替倪約了一位大名士來那人走了出來迎進刻字店裡作了揖把蕭金鉉的行李寄放在刻字店內三人同到茶館裡叙禮坐下彼此各道姓名那人道小弟複姓諸葛名佑字天申蕭金鉉道小弟姓蕭名鼎字金鉉季恬

逸就把方纔諸葛天申有幾百銀子要選文章的話說了諸葛天申道這選事小弟自已也畧知一二因到大邦必要請一位大名下的先生以附驥尾今得見蕭先生如魚之得水了蕭金鉉道只恐小弟菲材不堪勝任季恬逸道兩位都不必謙彼此久仰今日一見如故諸葛先生且做个東請蕭先生吃个下馬飯把這話細細商議諸葛天申道這話有理客邊只好假館坐坐當下三人會了茶錢一同出來到三山街一

个大酒樓上蕭金鉉首席季恬逸對坐諸葛天申主位堂官上來問菜季恬逸點了一賣肘子一賣板鴨一賣醉白魚先把魚和板鴨拏來吃酒留着肘子再做三分銀子湯帶飯上來堂官送上酒來斟了吃酒季恬逸道先生這件事我們先要尋一个僻靜些的去處又要寬大些還定了文章好把刻字匠叫齊在寓處來看着他刻蕭金鉉道要僻地方只有南門外報恩寺裡好又不吵鬧房子又寬房錢又不十分貴我們

而今吃了飯竟到那里尋寓所當下吃完幾壺酒堂官拏上肘子句湯句和飯來季恬逸儘力吃了一飽下樓會賬又走到刻字店托他看了行李三人一路走出了南門那南門熱鬧轟轟真是車如游龍馬如流水三人擠了半日纔擠了出來望着報恩寺走了進去季恬逸道我們就在這門口尋下處罷蕭金鉉道不好還要再向裡面些去方纔僻靜當下又走了許多路走過老退居到一个和尚家敲門進去小和尚開

了門問做什麼事說是來尋下處的小和尚引了進去當家的老和尚出來見頭戴玄色緞僧帽身穿繭紬僧衣手裡拏着數珠鋪眉𥈭眼的走了出來打个問訊請諸位坐下問了姓名地方三人說要尋一个寓所和尚道小房甚多都是各位現任老爺常來做寓的三位施主請自看聽憑揀那一處三人走進裡面看了三間房子又出來同和尚坐着請教每月房錢多少和尚一口價定要三兩一月講了半天一釐也不

肯讓諸葛天申已是出二兩四了和尚只是不
點頭一會又罵小和尚不掃地明日不浮橋施
御史老爺來這裡擺酒看見成什麼模樣蕭金
鉉見他可厭向季恬逸說道下處是好只是買
東西遠些老和尚呆着臉道在小房住的客若
是買辦和廚子是一个人做就住不的了須要
廚子是一个人在廚下收拾着買辦又是一个
人伺候着買東西纔趕的來蕭金鉉笑道將來
我們在這裡住豈但買辦廚子是用兩个人還

要牽一頭禿驢與那買東西的人騎着來往更走的快把那和尚罵的白瞪着眼三人便起身道我們且告辭再來商議罷和尚送出來又走，了二里路到一个僧官家敲門僧官迎了出來一臉都是笑請三位廳上坐便烘出新鮮茶來擺上九个茶盤上好的蜜橙糕核桃酥奉過來與三位吃三位請到租寓處的話僧官笑道這个何妨聽憑三位老爺喜歡那里就請了行李來三人請問房錢僧官說道這个何必計較三位老爺來住請也請不至隨便見惠些須香資僧人那里好爭論蕭金鉉見他出語不俗便道在老師父這里打攪每月送銀二金休嫌輕意僧官連忙應承了當下兩位就坐在僧官家季恬逸進城去發行李僧官叫道人打掃房鋪設床鋪桌椅傢伙又換了茶來陪二位談到晚行李發了來僧官告別進去了蕭金鉉叫諸葛天申先秤出二兩銀子來用封袋封了貼了簽子送與僧官僧官又出來謝過三人點起燈來打點

夜消諸葛天申稱出錢把銀子托季恬逸出去買酒菜季恬逸出去了一會帶着一个走堂的捧着四壺酒四个碟子來一碟香腸一碟鹽水蝦一碟水雞腿一碟海蜇擺在桌上諸葛天申是鄉里人認不的香腸說道這是什麼東西好像猪鳥蕭金鉉道你只吃罷了不要問他諸葛天申吃著說道這就是臘肉蕭金鉉道你又來了臘肉有个皮長在一轉的這是猪肚內的小腸諸葛天申又不認的海蜇說道這迸脆的是

甚麼東西倒好吃再買些進籠的來吃吃蕭季

三位又吃了一回當晚吃完了酒打點各自歇

息季恬逸沒有行李蕭金鉉勻出一條褥子來

給他在脚頭蓋着睡次日清早僧官走進來說

道昨日三位老爺駕到貧僧今日備个齋飯

三位坐坐就在我們這寺裡各處頑頑三人說

了茶當僧官邀請到那邊樓底下坐着擺出四

大盤來吃早飯吃過同三位出來閒步說道我

們就到三藏禪林裡頑頑罷當下走進三藏禪

林頭一進是極高的大殿殿上金字匾額天下第一祖庭一直走過兩間房子又曲曲折折的階級欄杆走上一个樓去只道是沒有地方了僧官又把樓背後開了兩扇門叫三人進去看那知還有一片平地在極高的所在四處都望着內中又有參天的大木幾萬竿竹子那風吹的到處颼颼的響中間便是唐玄奘法師的衣鉢塔頂了一會僧官又邀到家裡晚上九个盤子吃酒吃酒中間僧官說道貧僧到了僧官任

還不曾請客後日家裡擺酒唱戲請三位老爺看戲不要出分子三位道我們一定奉賀當夜吃完了酒到第三日僧官家請的客從應天府尹的衙門人到縣衙門的人約有五六十客還未到廚子看茶的老早的來了戲子也發了箱來了僧官正在三人房裡閒談忽見道人走來說師公那人又來了只因這一番有分教平地風波天女下維摩之室空堂宴集雞羣來唳鶴之翔不知後事如何且聽下回分解

八分一碗的麵指呷一口湯便拿與轎夫吃其實家裡只呷得一碗鍋巴湯形容商獃子可謂無微不照揚州樂府云東風二月吹黃埃多子街上飛轎來後云道旁一老翁嘖嘖誇而翁而翁當日好肩背東門擔水西門賣亦是此意

寫惡禿可惡眞令人髮指罵小和尚明是自擡身價說買辦郝又敗落三人後又寫一圓融之僧官以襯跌之筆情栩栩欲活

儒林外史第二十九回

諸葛佑僧寮遇友　杜慎卿江郡納姬

話說僧官正在蕭金鉉三人房裏閑坐道人慌忙來報那個人又來了僧官就别了三位同道人出去問道人可又是龍三那奴才道人道怎麽不是他這一回來的把戲更出奇老爺你自去看僧官走到樓底下看茶的正在門口搧着爐子僧官走進去只見椅子上坐着一個人一副烏黑的臉兩隻黄眼睛珠一嘴鬍子頭戴一

頂紙剪的鳳冠身穿藍布女褂白布单裙脚底下大脚花鞋坐在那裏兩個轎夫站在天井裏要錢那人見了僧官笑容可掬說道老爺你今日喜事我所以絕早就來替你當家你且把轎錢替我打發去着僧官愁着眉道龍老三你又來做甚麽這是個甚麽樣子慌忙把轎錢打發了去又道龍老三你還不把那些衣服脫了人看着怪模怪樣龍三道老爺你好没良心你做官到任除了不打金鳳冠與我戴不做大紅補

服與我穿我做太太的人自已戴了一個紙鳳冠不怕人笑也罷了你還叫我去掉了是怎的僧官道龍老三頑是頑笑是笑雖則我今日不曾請你你要上門怪我也只該好好走來爲甚麽粧這個樣子龍三道老爺你又說錯了夫妻無隔宿之仇我怪你怎的僧官道我如今自已認不是罷了是我不會請你得罪了你你好好脫了這些衣服坐着喫酒不要粧瘋做癡惹人家笑話龍三道道果然是我不是我做太太的

人只該坐在房裏替你裝圍碟剝果子當家料理那有個坐在廳上的惹的人說你家没內外說着就在房裏走僧官拉不住竟走到房裏去了僧官跟到房裏說道龍老三這喇夥的事而今行不得惹得上面官府知道了大家都不便龍三道老爺你放心自古道清官難斷家務事僧官急得亂跳他在房裏坐的安安穩穩的吩附小和尚叫茶上拿茶來與太太吃僧官急得走進走出恰走出房門遇着蕭金鉉三位走來

僧官攔不住三人走進房季恬逸道噫那裏來的這位太太那太太站起來說道三位老爺請坐僧官急得話都說不出來三個人忍不住的笑道人飛跑進來說道府裏尤太爺到了僧官只得出去倍客那姓尤姓郭的兩個書辦進來作揖坐下吃茶聽見隔壁房裏有人說話就要走進去僧官又攔不住二人走進房見了這個人嚇了一跳道這是怎的止不住就要笑當下四五個人一齊笑起來僧官急得沒法說道請

位太爺他是個喇子他屢次來騙我尤書辦笑道他姓甚麼僧官道他叫作龍老三郭書辦道龍老三今日是僧官老爺的喜事你怎麼到這裡胡鬧快些把這衣服都脫了到別處去龍三道太爺這是我們私情事不要你管尤書辦道這又胡說了你不過是想騙他也不是這個騙法蕭金鉉道我們大家拿出幾錢銀子來捨了這畜生去罷免得在這裏鬧的不成模樣那龍三那裏肯去大家正講着道人又走進來說道

司裏董太爺同一位金太爺已經進來了說着董書辦同金東崖走進房來東崖認得龍三一見就問道你是龍三你這狗頭在京裏拐了我幾十兩銀子走了怎麼今日又在這裏裝這個模樣分明是騙人其實可惡叫跟的小子把他的鳳冠抓掉了衣服扯掉了趕了出去龍三見是金東崖方纔慌了自已去了鳳冠脫了衣服說道小的在這裏伺候金東崖道那個要你伺候你不過是騙這裏老爺改日我勸他賞你些

銀子作個小本錢倒可以你若是這樣胡鬧我
即刻送到縣裏處你龍三見了這一番纔不敢
鬧謝了金東崖出去了僧官纔把衆位拉到樓
底下從新作揖奉坐向金東崖謝了又謝看茶
的捧上茶來喫了郭書辦道金太爺一向在府
上幾時到江南來的金東崖道我因近來陪累
的事不成話說所以決意反舍到家小兒僥倖
進了一個學不想反惹上一塲是非雖然眞的
假不得却也丟了幾兩銀子在家無聊因運司

荀老先生是京師舊交特到楊州來望他一望承他情薦在匣上送了幾百兩銀子董書辦道金太爺你可知道荀大人的事金東崖道不知道荀大人怎的董書辦道荀大人因貪贓拏問了就是這三四日的事金東崖道原來如此可見旦夕禍福郭書辦道尊寓而今在那裏董書辦道太爺已是買了房子在利涉橋河房衆人道改日再來拜訪金東崖又問了三位先生姓名三位俱各說了金東崖道都是名下先生小

弟也注有些經書容日請教當下陸陸續續到了幾十位客落後來了三個戴方巾的和一箇道士走了進來衆人都不認得內中一個戴方巾的道那位是季恬逸先生季恬逸道小弟便是先生有何事見教那人袖子裡拿出一封書子來說道季葦兄多致意季恬逸接着折開同蕭金鉉諸葛天申看了纔曉得是辛東之金寓劉郭鐵筆來霞士便道請坐四人見這裏有事就要告辭僧官拉着他道四位遠來請也請不

至便桌坐坐斷然不放了去四人只得坐下金東崖就問起荀大人的事來可是真的郭鐵筆道是我們下船那日拿問的當下唱戲吃酒吃到天色將晚辛東之同金寓劉趕進城在東花園庵裏歇去這坐客都散了郭鐵筆同來道士在諸葛天申下處住了一夜次日來道士到神樂觀尋他的師兄去了郭鐵筆在報恩寺門口租了一間房開圖書店季恬逸這三個人在寺門口聚昇樓起了一個經摺每日賒米賣菜和

酒吃一日要吃四五錢銀子文章已經選定叫了七八個刻字匠來刻又賒了百十桶紙來准備刷印到四五個月後諸葛天申那二百兩多銀子所剩也有限了每日仍舊在店裏賒着吃那日季恬逸和蕭金鉉在寺裏閒走季恬逸道諸葛先生的錢也有限了到欠下這些債將來這個書不知行與不行這事怎處蕭金鉉道這原是他情願的事又沒有那個強他他用完了銀子他自然家去再討管他怎的正說着諸葛

天申也走來了兩人不言語了三個同步了一
會一齊回寓却迎着一乘轎子兩擔行李三個
人跟着進寺裏來那轎揭開簾子轎裏坐着一
個帶方巾的少年諸葛天申依稀有些認得那
轎來的快如飛的就過去了諸葛天申道這轎
子裏的人我有些認得他因趕上幾步扯着他
跟的人問道你們是那裏來的那人道是天長
杜十七老爺諸葛天申回來同兩人睃着那轎
和行李一直進到老退居隔壁那和尚家去了

諸葛天申向兩人道方纔這進去的是天長杜宗伯的令孫我認得他是我們那邊的名士不知他來做甚麼我明日去會他次日諸葛天申去拜那裏回不在家一直到三日纔見那杜公孫來回拜三人迎了出去那正是春暮夏初天氣漸暖杜公孫穿着是鶯背色的夾紗直綴手搖詩扇脚踏絲履走了進來三人近前一看面如傅粉眼若點漆温恭而雅飄然有神仙之概這人是有子建之才潘安之貌江南數一數二

的才子進來與三人相見作揖讓坐杜公孫問了兩位的姓名籍貫自己又說道小弟賤名倩賤字慎卿說過又向諸葛天申道天申兄還是去年考較時相會又早半載有餘了諸葛天申向二位道去歲申學臺在敝府合考二十七州縣詩賦是杜十七先生的首卷杜申卿笑道這是一時應酬之作何足掛齒況且那日小弟小恙進場以藥物自隨草草塞責而已蕭金鉉道先生尊府江南王謝風流各郡無不欽仰先生

大才又是尊府白眉今日幸會一切要求指教杜愼卿道各位先生一時名宿小弟正要請教何得如此倒說當下坐着吃了一杯茶一同進到房裏見滿桌堆着都是選的刻本文章紅筆對的樣花藜胡哨的杜愼卿看了放在一邊忽然翻出一首詩來便是蕭金鉉前日在烏龍潭春遊之作杜愼卿看了點一點頭道詩句是清新的便問道這是蕭先生大筆蕭金鉉道是小弟拙作要求先生直教杜愼卿道如不見怪小

弟也有一句作聱之言詩以氣體爲主如尊作這兩句桃花何苦紅如此楊柳忽然青可憐豈非加意做出來的但上一句詩只要添一個字問桃何苦紅如此便是賀新涼中間一句好詞如今先生把他做了詩下面又強對了一句便覺索然了幾句話把蕭金鉉說的透身氷冷季恬逸道先生如此談詩若與我家葦蕭相見一定相合杜愼卿道葦蕭是同宗麼我也曾見過他的詩才情是有些的坐了一會杜愼卿辭別

了去次日杜慎卿寫個說帖來道小寓牡丹盛開薄治杯茗屈三兄到寓一談三人忙換了衣裳到那裏去只見寓處先坐着一個人三人進來同那人作揖讓坐杜慎卿道這位鮑朋友是我們自己人他不僭諸位先生的坐季恬逸方才想起是前日帶信來的鮑老爹因向二位先生道這位老爹就是葦蕭的姑岳因問老爹在這裏為甚麼鮑廷璽大笑道季相公你原來不曉得我是杜府太老爺累代的門下我父子兩

個受太老爺多少恩惠如今十七老爺到了我怎敢不來問安杜愼卿道不必說這閒話且叫人拿上酒來當下鮑廷璽同小子抬桌子杜愼卿道我今日把這些俗品都捐了只是江南時魚櫻筍下酒之物與先生們揮麈清談當下擺上來果然是清清疏疏的幾個盤子買的是永寧坊上好的橘酒斟上酒來杜愼卿極大的酒量不甚吃菜當下舉筯讓衆人吃菜他只揀了幾片筍和幾個櫻桃下酒傳杯換盞吃到午後

杜慎卿叫取點心來便是猪油餃餌鴨子肉包的燒賣鵝油酥軟香糕每樣一盤拿上來衆人吃了又是雨水煨的六安毛尖茶每人一碗杜慎卿自已只吃了一片軟香糕和一碗茶便叫收下去了再斟上酒來蕭金鉉道金日對名花聚良朋不可無詩我們即席分韻何如杜慎卿笑道先生這是而今詩社裏的故套小弟看來覺得雅的這樣俗還是清談爲妙說着把眼看了鮑廷璽一眼鮑廷璽笑道還是門下效勞便

走進房去拿出一隻笛子來去了錦套坐在席上嗚嗚咽咽將笛子吹着一個小小子走到鮑廷璽身邊站着拍着手唱李大白清平調真乃穿雲裂石之聲引商刻羽之奏三人停杯細聽杜愼卿又自飲了幾杯吃到月上時分照耀得牧丹花色越發精神又有一樹大繡毬好像一堆白雪三個人不覺的手舞足蹈起來杜愼卿也頹然醉了只見老和尚慢慢走進來手裏拿着一個錦盒子打開來裏面拿出一串祁門小

炮熗口裏說道貧僧來替老爺醒酒就在席上點着燀燀烞烞响起來杜慎卿坐在椅子上大笑和尚去了那硝黄的烟氣還繚繞酒席左右三人也醉了站起來把脚不住告辭要去杜慎卿笑道小弟醉了恕不能奉送鮑師父你替我送三位老爺出去你回來在我這裏住鮑廷璽拿着燭臺送了三位出來關門進去三人回到下處恍惚如在夢中次日賣紙的客人來要錢這裏沒有吵鬧了一回隨即就是聚昇樓來討

酒賬諸葛天申稱了兩把銀子給他收着再算三人商議要回杜愼卿的席算計寓處不能備辦只得拉到他聚昇樓坐坐又過了一兩日天氣甚好三人在寓處吃了早點心走到杜愼卿那裏去走進門只見一個大腳婆娘同他家一個大小子坐在一個板櫈上說話那小子見是三位便站起來季恬逸拉着他問道這是甚麼人那小子道做媒的沈大腳季恬逸道他來做甚麼那小子道有些別的事三人心裏就明白

想是要他娶小就不再問走進去只見杜慎卿正在廊下閑步見三人來請進坐下小小子拿茶來喫了諸葛天申道今日天氣甚好我們來約先生寺外頑頑杜慎卿帶着這小小子同三人步出來被他三人拉到聚昇樓酒館裏杜慎卿不能推辭只得坐下季恬逸見他不吃大葷點了一賣板鴨一賣魚一賣猪肚一賣雜膾拿上酒來吃了兩杯酒衆人奉他吃菜杜慎卿勉强吃了一塊板鴨登時就嘔吐起來衆人不好

意思因天氣尚早不大用酒搬上飯來杜慎卿拿茶來泡了一碗飯吃了一會還吃不完遞與那小小子拿下去吃了當下三人把那酒和飯都吃完了下樓會賬蕭金鉉道慎卿兄我們還到雨花臺岡兒上走走杜慎卿道這最有趣一同步上岡子在各廟宇裏見方景諸公的祠甚是巍峩又走到山頂上望着城內萬家烟火那長江如一條白練琉璃塔金碧輝煌照人眼目杜慎卿到了亭子跟前太陽地裏看見自己的

影子徘徊了大半日大家藉草就坐在地下諸葛天申見遠遠的一座小碑跑去看看了回來坐下說道那碑上刻的是夷十族處杜慎卿道列位先生這夷十族的話是沒有的漢法最重夷三族是父黨母黨妻黨這方正學所說的九族乃是高曾祖考子孫曾元只是一族母黨妻黨還不曾及那裏誅的到門生上況且永樂皇帝也不如此慘毒本朝若不是永樂振作一番信着建文軟弱久已弄成個齊梁世界了蕭金

鉉道先生據你說方先生何如杜慎卿道方先生迂而無當天下多少大事講那旱門雉門怎麼這人朝服斬于市不爲冤枉的坐了半日日色已經西斜只見兩個挑糞桶的挑了兩担空桶歇在山上這一個拍那一個肩頭道兄弟今日的貨已經賣完了我和你到永寧泉吃一壺水回來再到雨花臺看看落照杜慎卿笑道真乃菜傭酒保都有六朝烟水氣一點也不差當下下了崗子回來進了寺門諸葛天申道且到

我們下處坐坐杜愼卿道也好一同來到下處纔進了門只見季葦蕭坐在裏面季恬逸一見了歡喜道葦兄你來了季葦蕭道恬逸兄我在刻字店裏我問知道你搬在這裏便問此三位先生尊姓季恬逸道此位是盱眙諸葛天申先生此位就是我們同鄉蕭金鉉先生你難道不認得季葦蕭道先生是住在北門的蕭金鉉道正是季葦蕭道此位先生季恬逸道這位先生說出來你更歡喜哩他是天長杜宗伯公公孫

杜十七先生諱倩字慎卿的你可知道他麼季
葦蕭驚道就是去歲宗師考取貴府二十七州
縣的詩賦首卷杜先生小弟渴想久了今日才
得見面倒身拜下去杜慎卿陪他磕了頭起來
衆位多見過了禮正待坐下這聽得一個人笑
着麼喝了進來說道各位老爺今日吃酒過夜
季葦蕭舉眼一看原來就是他姑丈人忙問道
姑老爺你怎麼也來在這裏鮑廷璽道這是我
家十七老爺我是他門下人怎麼不來姑爺你

原來也是好相與蕭金鉉道真是眼前一笑皆知己不是區區陌路人一齊坐下季葦蕭道小弟雖年少浪遊江湖閱人多矣從不曾見先生珠輝玉映真乃天上仙班今對着先生小弟亦是神仙中人了杜慎卿道小弟得會先生也如成連先生刺船海上令我移情只因這一番有分教風流高會江南又見奇踪卓犖英姿海內都傳雅韻不知後事如何且聽下回分解

以小杜之風流形三人之齷齪酒樓再會慎

之自命何如乃季恬逸開口猶云杜宗伯公
公孫其心口中祇有此二字也愼卿連日對
此等人可謂不得意之極得季葦蕭數語不
禁爲之色舞
寫雨花臺正是寫杜愼卿爾許風光必不從
腐頭巾胸流出
愼卿生平一段僻性已從方正學一段議論
中露出圭角

儒林外史第三十回

愛少俊訪友神樂觀　逞風流高會莫愁湖

話說杜慎卿同季葦蕭相交起來極其投合當晚季葦蕭因在城裏承恩寺作寓看天黑趕進城去了鮑廷璽跟着杜慎卿回寓杜慎卿買酒與他吃就問他這季葦兄爲人何如鮑廷璽悉把他小時在向太爺手裏考案首後來就娶了向太爺家王總管的孫女便是小的內姪女兒今年又是鹽運司荀大老爺照顧了他幾百銀

子他又在揚州尤家招了女婿從頭至尾說了一徧杜慎卿聽了笑了一笑記在肚裏就留他在寓處歇夜裏又告訴向太爺待他家這一番恩情杜慎卿不勝嘆息又說到他娶了王太太的這些疙瘩事杜慎卿大笑了一番歇過了一夜次蚤季葦蕭同着王府裏那一位宗先生來拜進來作揖坐下宗先生說起在京師趙王府裏同王李七子唱和杜慎卿道鳳洲于鱗都是敝世叔又說到宗子相杜慎卿道宗考功便是

先君的同年那宗先生便說同宗考功是一家還是弟兄輩杜慎卿不答應小厮捧出茶來吃了宗先生别了去留季葦蕭在寓處談談杜慎卿道葦兄小弟最厭的人開口就是紗帽方纔這一位宗先生說到敝年伯他便說同他是弟兄這怕而今敝年伯也不要這一個潦倒的兄弟說着就捧上飯來正待吃飯小厮來禀道沈媒婆在外回老爺話慎卿道你叫他進來何妨小厮出去領了沈大脚進來杜慎卿叫端一張

櫈子與他在底下坐着沈大脚問這位老爺杜愼卿道這是安慶季老爺因問道我托你的怎樣了沈大脚道正是十七老爺把這件事託了我我把一個南京城走了大半個因老爺人物生得太齊整了料想那將就些的姑娘配不上不敢來說如今虧我留神打聽打聽得這位姑娘在花牌樓住家裏開着機房姓王姑娘十二分的人才還多着半分今年十七歲不要說姑娘縹致這姑娘有個兄弟小他一歲若是粧扮

此處最是

起來淮清橋有十班的小旦也沒有一個賽的過他也會唱支把曲子也會串個戲這姑娘再沒有說的就請老爺去看杜慎卿道既然如此也罷你叫他收拾我明日去看沈大腳應諾去了季葦蕭道恭喜納寵杜慎卿愁著眉道先生這也爲嗣續大計無可奈何不然我做這樣事怎的季葦蕭道才子佳人正宜及時行樂先生怎反如此說杜慎卿道葦兄這話可謂不知我了我太祖高皇帝云我若不是婦人生天下婦

人都殺盡婦人那有一個好的小弟性情是和婦人隔着三間屋就聞見他的臭氣季葦蕭又要問只見小厮手裏拿着一個帖子走了進來說道外面有個姓郭的蕪湖人來拜杜慎卿道我那裏認得這個姓郭的季葦蕭接過帖子來看了道這就是寺門口圖書店的郭鐵筆想他是刻了兩方圖書來拜先生叫他進來坐坐杜慎卿叫大小厮請他進來郭鐵筆走進來作揖道了許多仰慕的話說道尊府是一門三鼎甲

四代六尚書門生故吏天下都散滿了督撫司道在外頭做不計其數管家們出去做的是九品雜職官季先生我們自小聽見說的天長杜府老太太生這位太老爺是天下第一個才子轉眼就是一個狀元說罷袖子裏拿出一個錦盒子裏面盛着兩方圖書上寫着台印雙手遞將過來杜慎卿接了又說了些閒話起身送了出去杜慎卿回來向季葦蕭道他一見我偏生有這些惡談却虧他訪得的確季葦蕭道尊府

之事何人不知當下收拾酒留季葦蕭坐擺上酒來兩人談心季葦蕭道先生生平有山水之好麼杜慎卿道小道無濟勝之具就登山臨水也是勉強季葦蕭道絲竹之好有的杜慎卿道偶一聽之可也聽久了也覺嘈嘈雜雜聒耳得緊又吃了幾杯酒杜慎卿微醉上來不覺長嘆了一口氣道葦兄自古及今人都打不破的是個情字季葦蕭道人情無過男女方纔吾兄說非是所好杜慎卿笑道長兄難道人情只有男

女麽朋友之情更勝于男女你不看別的只有鄂君綉被的故事據小弟看來千古只有一個漢哀帝要禪天下與董賢這個獨得情之正便堯舜揖讓也不過如此可惜無人能解季葦蕭道是了吾兄生平可曾遇着一個知心情人麽杜愼卿道假傻天下有這樣一個人又與我同生同死小弟也不得這樣多愁善病只爲緣慳分淺遇不著一個知已所以對月傷懷臨風灑淚季葦蕭道要這一個還當梨園中求之杜愼

卿道葦兄你這話更外行了比如要在梨園中求便是愛女色的要于青樓中求一個情種豈不大錯這事要相遇于心腹之間相感于形骸之外方是天下第一等人又拍膝嗟嘆道天下終無此一人老天就肯辜負我杜愼卿萬斛愁腸一身俠骨說着掉下淚來季葦蕭暗道他已經着了魔了待我且耍他一耍因說道先生你也不要說天下沒有這個人小弟曾遇見一個少年不是梨園也不是我輩是一個黃冠這人

生得飄逸風流確又是個男美不是像個婦人我最惱人稱贊美男子動不動說像個女人這最可笑如果要像女人不如去看女人了天下原另有一種男美只是人不知道杜慎卿拍着案道只一句話該圈了你且說這人怎的季葦蕭道他如此妙品有多少人想物色他的他却輕易不肯同人一笑却又愛才的緊小弟因多了幾歲年紀在他面前自覺形穢所以不敢痴心想着相與他長兄你會會這個人看是如何

杜慎卿道你幾時去同他來季葦蕭道我若吽得他來又不作爲奇了須是長兄自己去訪着他杜慎卿道他住在那裏季葦蕭道他在神樂觀杜慎卿道他姓甚麽季葦蕭道姓名此時還說不得若洩漏了幾關傳的他知道躲開了你還是會不着如今我把他的姓名寫了包在一個紙包子裏外面封好交與你你到了神樂觀門口纔許折開來看看過就進去找一找就找着的杜慎卿笑道這也罷了當下季葦蕭走進

房裏把房門關上了寫了半日封得結結實實
封面上草個勅令二字拿出來遞與他說道我
且別過罷俟明日會遇了妙人我再來賀你說
罷去了杜愼卿送了回來向大小廝道你明日
早去回一聲沈大脚明日不得閒到花牌樓去
看那家女兒要到後日纔去明早叫轎夫我要
到神樂觀去看朋友吩咐已畢當晚無事次早
起來洗臉擦肥皂換了一套新衣服偏身多薰
了香將季葦蕭寫的紙包子放在袖裏坐橋子

一直來到神樂觀將轎子落在門口自己步進山門袖裏取去紙包來折開一看上寫到至北廊盡頭一家桂花道院問揚州新來道友來霞士便是杜愼卿吩轎夫伺候着自己曲曲折折走到裏面聽得裏面一派鼓樂之聲就在前面一個斗姆閣那閣門大開裏面三間厰廳中間坐着一個看陵的太監穿着蟒袍左邊一路板櫈上坐着十幾人唱生旦的戲子右邊一路板櫈上坐着七八個少年的小道士正在那裏吹

唱取樂杜慎卿心裏疑惑莫不是來霞士也在這裏面因把小道士一個個的都看過來不見一個出色的又回頭來看看這些戲子也平常又自心裏想道來霞士他既是自巳愛惜他斷不肯同了這般人在此我還到桂花院裏去問來到桂花道院敲開了門道人請在樓下坐著杜慎卿道我是來拜揚州新到來老爺的道人道來爺在樓上老爺請坐我去請他下來道人去了一會只見樓上走下一個肥胖的道士來

頭戴道冠身穿沉香色直裰一副油晃晃的黑臉兩道重眉一個大鼻子滿腮鬍鬚約有五十多歲的光景那道士下來作揖奉坐請問老爺尊姓貴處杜慎卿道敝處天長賤姓杜那道士道我們桃源旂領的天長杜府的本錢就是老爺尊府杜慎卿道便是道士滿臉堆下笑來連忙足恭道小道不知老爺到省就該先來拜謁如何反勞老爺降臨忙叫道人快煨新鮮茶來捧出菓碟來杜慎卿心裏想這自然是來霞上

的師父因問道有位來霞士是令徒令孫那道士道小道就是來霞士杜愼卿吃了一驚說道哦你就是來霞士自已心裏忍不住拿衣袖掩着口笑道士不知道甚麼意思擺上菓碟來殷勤奉茶又在袖裏摸出一卷詩來請教愼卿沒奈何只得勉強看了一看吃了兩杯茶起身辭別道士定要拉着手送出大門問明了老爺下處在報恩寺小道明日要到尊寓着實盤桓幾日送到門外看着上了轎子方纔進去了杜愼

卿上了轎一路忍笑不住心裏想季葦蕭這狗
頭如此胡說回到下處只見下處小厮說有幾
位客在裏面杜慎卿走進去却是蕭金鉉同辛
東之金寓劉金東崖來拜辛東之送了一幅大
字金寓劉送了一副對子金東崖把自已纂的
四書講章送來請教作揖坐下各人敘了來歷
吃過茶告別去了杜慎卿鼻子裏冷笑了一聲
向大小厮說道一個打書辦的人都跑了囘來
講究四書聖賢可是這樣人講的正說着宗老

爺家一個小厮拿着一封書子送一幅行樂圖來求題杜慎卿只覺得可厭也只得收下寫回書打發那小厮去了次日便去看定了妾下了插定擇三日內過門便忙着搬河房裏娶妾去了次日季葦蕭來賀杜慎卿出來會他說道昨晚如夫人進門小弟不曾來鬧房今日賀遲有罪杜慎卿道昨晚我也不曾備席不曾奉請季葦蕭笑道前日你得見妙人麼杜慎卿道你這狗頭該記着一頓肥打但是你的事還做得不

俗所以饒你季葦蕭道怎的該打我原說是美男原不是像個女人你難道看的不是杜慎卿道這就真正打了正笑着只見來道士同鮑廷璽一齊走進來賀喜兩人越發忍不住笑杜慎卿搖手叫季葦蕭不要笑了四人作揖坐下杜慎卿留着吃飯吃過了飯杜慎卿說起那日在神樂觀看見斗姆閣一個太監左邊坐着戲子右邊坐着道士在那裏吹唱作樂季葦蕭道這樣快活的事偏與這樣人受用好不可恨杜慎

卿道葦蕭兄我倒要做一件希奇的事和你商議季葦蕭道甚麽希奇事杜慎卿問鮑廷璽道你這門上和轎上共有多少戲班子鮑廷璽道一百三十多班杜慎卿道我心裏想做一個勝會擇一個日子撿一個極大的地方把這一百幾十班做旦腳的都叫了來一個人做一齣戲我和葦兄在傍邊看着記了他們身段模樣做個暗號過幾日評他個高下出一個榜把那色藝雙絕的取在前列貼在通衢但這些人不

好白傳他每人酬他五錢銀子荷包一對詩扇一把這頭法好麼季葦蕭跳起來道有這樣妙事何不早說可不要把我樂死了鮑廷璽笑道這些人讓門下去傳他每人又得五錢銀子將來老爺們替他取了出來寫在榜上他又出了名門下不好說那取在前面的就是相與大老官也多相與出幾個錢來他們聽見這話那一個不滾來做戲來道士指着手道妙妙道士也好見個識面不知老爺們那日可許道士來看

杜慎卿道怎麽不許但凡朋友相知都要請了到席季葦蕭道我們而今先商議是個甚麼地方鮑廷璽道門下在水西門住水西門外最熟門下去借莫愁湖的湖亭那裏又寬廠又凉快葦蕭道這些人是鮑姑老爺去傳不消說了我們也要出一個知单定在甚日子道士道而今是四月二十頭鮑老爹去傳幾日及到傳齊了也得十來天功夫竟是五月初三罷杜慎卿道葦兄取過一個紅全帖來我念着你寫季葦蕭

取過帖來拿筆在手愼卿念道安慶季葦蕭天長杜愼卿擇于五月初三日莫愁湖湖亭大會通省梨園子弟各班願與者書名畫知屆期齊集湖亭各演雜劇每位代轎馬五星荷包詩扇汗巾三件如果色藝雙絕另有表禮獎賞風雨無阻特此預傳寫畢交與鮑廷璽收了又叫小厮到店裏取了百十把扇子來季葦蕭杜愼卿來道士每人分了幾十把去寫便商量請這些客季葦蕭拿一張紅紙鋪在面前開道宗先生

辛先生金東崖先生金寓劉先生蕭金鉉先生諸葛先生季先生郭鐵筆僧官老爺來道士老爺鮑老爺連兩位主人共十三位就用這兩位名字寫起十一副帖子來料理了半日只見娘子的兄弟王留歌帶了一個人挑着一擔東西兩隻鴨兩隻雞一隻鵝一方肉八色點心一瓶酒來看姐姐杜慎卿道來的正好他向杜慎卿見禮杜慎卿拉住了細看他時果然標致他姐姐着實不如他叫他進去見了姐姐就出來

坐吩咐把方纔送來的雞鴨收拾出來吃酒他見過姐姐出來坐着杜愼卿就把湖亭做會的話告訴了他留歌道有趣那日我也串一齣季葦蕭道豈但何今日就要請教一隻曲子我們聽聽王留歌笑了一笑到晚捧上酒來吃了一會鮑廷璽吹笛子來道士打板王留歌唱了一隻碧雲天長亭餞別音韻悠揚足唱了三頓飯時候纔完衆人吃得大醉然後散了到初三那日發了兩班戲箱在莫愁湖季杜二位主人先

到衆客也漸漸的來了鮑廷璽領了六七十個唱旦的戲子都是旦上畫了知字的來叩見杜少爺杜慎卿叫他們先吃了飯都裝扮起來一個個都在亭子前走過細看一番然後登塲做戲衆戲子應諾去了諸名士看這湖亭時軒窻四起一轉都是湖水圍繞微微有點薰風吹得波紋如縠亭子外一條板橋戲子裝扮了進來都從這橋上過杜慎卿叫掩上了中門讓戲子走過橋來一路從回廊内轉去進東邊的格子

一直從亭子中間走出西邊的格子去好細細看他們裊娜形容當下戲子吃了飯一個個裝扮起來都是簇新的包頭極新鮮的褶子一個個過了橋來打從亭子中間走去杜慎卿同季葦蕭二人手內暗藏紙筆做了記認少刻擺上酒席打動鑼鼓一個人上來做一齣戲也有做請宴的也有做窺醉的也有做借茶的也有做勅虎的紛紛不一後來王留歌做了一齣思凡到晚上點起幾百盞明角燈來高高下下照耀

如同白日歌聲縹緲直入雲霄城裏那些做衙門的開行的開字號店的有錢的人聽見莫愁湖大會都來僱了湖中打魚的舡搭了凉篷掛了燈都撑到湖中左右來看看到高興的時候一個個齊聲喝采直鬧到天明纔散那時城門已開各自進城去了過了一日水西門口掛出一張榜來上寫第一名芳林班小旦鄭魁官第二名靈和班小旦葛來官第三名王留歌其餘共合六十多人都取在上面鮑廷璽拉了鄭魁

官到杜慎卿寓處來見當面叩謝杜慎卿又稱了二兩金子託鮑廷璽到銀匠店裏打造一隻金杯上刻艷奪櫻桃四個字特爲獎賞鄭魁官別的都把荷包銀子汗巾詩扇領了去那些小旦取在十名前的他相與的大老官來看了榜都忻忻得意也有拉了家去吃酒的也有買了酒在酒店裏吃酒慶賀的這個吃了酒那個又來吃足吃了三四天的賀酒自此傳遍了水西門鬧動了淮清橋這位杜十七老爺名震江南

只因這一番有分教風流才子之外更有奇人花酒陶情之餘復多韵事不知後事如何且聽下回分解

使男子後庭生人天下可無婦人慎卿當道此二句引用洪武語不倫

前寫蕭金鉉三人此又接寫宗子相郭鐵筆生不願見貴人今不幸見女世所謂不得人意者此類是也想見慎卿胸中作惡之甚

明季花案是一部板橋雜記湖亭大會又是

一部燕蘭小譜

儒林外史第三十回

儒林外史第三十一回

天長縣同訪豪傑　賜書樓大醉高朋

話說杜慎卿做了這個大會鮑廷璽看見他用了許多的銀子心裏驚了一驚暗想他這人慷慨我何不不取個便問他借幾百兩銀子仍舊團起一個班子來做生意過日子主意已定每日在河房裏効勞杜慎卿着實不過意他那日晚間談到密處夜已深了小廝們多不在眼前杜慎卿問道鮑師父你畢竟家裏日子怎麽樣

過還該尋個生意纔好鮑廷璽見他問到這一句話就雙膝跪在地下杜慎卿就嚇了一跳扶他起來說道這是怎的鮑廷璽道我在老爺門下蒙老爺問到這一句話真乃天高地厚之恩但門下原是教班子弄行頭出身除了這事不會做第二樣如今老爺照看門下除非懇恩借出幾百兩銀子仍舊與門下做這戲行門下尋了錢少不得報效老爺杜慎卿道這也容易你請坐下我同你商議這教班子弄行頭不是數

百金做得來的至少也得千金這裏也無外人
我不瞞你說我家雖有幾千現銀子我却收着
不敢動爲甚麽不敢動我就在這一兩年內要
中中了那里沒有使喚處我却要留着做這一
件事而今你這弄班子的話我轉說出一個人
來與你也只當是我帮你一般你却不可說是
我說的鮑廷璽道除了老爺那裏還有這一個
人杜愼卿道莫慌你聽我說我家共是七大房
這做禮部尚書的太老爺是我五房的七房的

太老爺是中過狀元的後來一位大老爺做江西贛州府知府這是我的伯父贛州府的兒子是我第二十五個兄弟他名叫做儀號叫做少卿只小得我兩歲也是一個秀才我那伯父是個親官家裏還是祖宗去下的些田地伯父去世之後他不上一萬銀子家私他是個獃子自已就像十幾萬的紋銀九七他都認不得又最好做大老官聽見人向他說些苦他就大捧出來給人家用而今你在這裏帮我些時到秋涼

些我送你些盤纏投奔他去包你這千把銀子手到拿來鮑廷璽道到那時候求老爺寫個書子與門下去杜慎卿道不相干這書斷然寫不得他做大老官是要獨做自照顧人並不要人幫着照顧我若寫了書子他說我已經照顧了你他就賭氣不照顧你了如今去先投奔一个人鮑廷璽道却又投那一个杜慎卿道他家當初有個奶公老管家姓邵的這人你也該認得鮑廷璽想起來道是那年門下父親在日他家

接過我的戲去與老太太做生日贛州府太老爺門下也曾見過杜慎卿這就是得狠了如今這邵奶公已死他家有個管家王鬍子是個壞不過的奴才他偏生聽信他我這兄弟有個毛病但凡說是見過他家太老爺的就是一條狗也是敬重的你將來先去會了王鬍子這奴才好酒你買些酒與他吃叫他在主子跟前說你是太老爺極歡喜的人他就連三的給你銀子用了他不歡喜人叫他老爺你只叫他少爺

他又有個毛病不喜歡人在他跟前說人做官說人有錢像你受向太老爺的恩惠這些話總不要在他跟前說總說天下只有他一個人是大老官肯照顧人他若是問你可認得我你也說不認得一番話說得鮑廷璽滿心歡喜在這裏又效了兩個月勞到七月盡間天氣凉爽起來鮑廷璽問十七老爺借了幾兩銀子收拾衣服行裏過江往天長進發第一日過江歇了六合縣第二日起早走了幾十里路到了一個地

方叫作四號墩鮑廷璽進去坐下正待要水洗臉只見門口落下一乘轎子來轎子裏走出一個老者來頭戴方巾身穿白紗直裰腳下大紅紬鞋一個通紅的酒糟鼻一部大白鬍鬚就如銀絲一般那老者走進店門店主人慌忙接了行李說道韋四太爺來了請裏面坐那韋四太爺走進堂屋鮑廷璽立起身來施禮那韋四太爺還了禮鮑廷璽讓韋四太爺上面坐他坐在下面問道老太爺上姓是韋不敢拜問貴處是

那裏韋四太爺道賤姓韋敝處滁州烏衣鎮長兄尊姓貴處今往那裏去的鮑廷璽道在下姓鮑是南京人今往天長杜狀元府裏去的看杜少爺韋四太爺道是那一位是慎卿是少卿鮑廷璽道是少卿韋四太爺道他家兄弟雖有六七十個只有這兩個人招接四方賓客其餘的都閉了門在家守着田園做舉業我所以一見就問這兩個人兩個都是大江南北有名的慎卿雖是雅人我還嫌他有帶着些姑娘氣少卿

是個豪傑我也是到他家去的和你長兄吃了飯一同走鮑廷璽道太爺和杜府是親戚韋四太爺道我同他家做贛州府太老爺自小同學拜盟的極相好的鮑廷璽聽了更加敬重當同吃了飯韋四太爺上轎鮑廷璽又僱了一個驢子騎上同行到了天長縣城門口韋四太爺落下轎說道鮑兄我和你一同走進府裏去罷鮑廷璽道請太爺上轎先行在下還要會過他管家再去見少爺韋四太爺道也罷上了轎子一

直來到杜府門上人傳了進去杜少卿慌忙迎出來請到廳上拜見說道老伯相別半載不曾到得鎮上來請老伯和老伯母的安老伯一向好韋四太爺道托庇粗安新秋在家無事想着尊府的花園桂花一定盛開了所以特來看看世兄要杯酒吃杜少卿道奉過茶請老伯到書房裏去坐小厮捧過茶來杜少卿吩咐把韋四太爺行李請進來送到書房裏去轎錢付與他轎子打發回去罷請韋四太爺從廳後一个走

巷內曲曲折折走進去纔到一個花園那花園一進朝東的三間左邊一個樓便是殿元公的賜書樓樓前一個大院落一座牡丹臺一座芍藥臺兩樹極大的桂花正開的好合面又是三間廠榭橫頭朝南三間書房後一個大荷花池池上搭了一條橋過去又是三間密屋乃杜少卿自己讀書之處當請韋四太爺坐在朝南的書房裏這兩樹桂花就在窗槅外韋四太爺坐下問道婁翁尚在尊府杜少卿道婁老伯近來

多病請在內書房住方纔吃藥睡下不能出來會老伯韋四太爺道老人家既是有恙世兄何不送他回去杜少卿道小姪已經把他令郎令孫都接在此侍奉湯藥小姪也好早晚問候韋四太爺道老人家在尊府三十多年可也還有些蓄積家裏置些產業杜少卿道自先君赴任贛州把舍下田地房產的賬目都交付與婁老伯每銀錢出入俱是婁老伯做主先君並不會問婁老伯除每年修金四十兩其餘並不沾一

文每收租時候親自到鄉里佃戶家佃戶備兩樣菜與老伯吃老人家退去一樣纔吃一樣凡他令郎令孫來看只許住得兩天就打發回去盤纏之外不許多有一文錢臨行還要搜他身上恐怕管家們私自送他銀子只是收來的租稻利息遇着舍下困窮的親戚朋友婁老伯便極力相助先君知道也不問有人欠先君銀錢的婁老伯見他還不起婁老伯把借券盡行燒去了到而今他老人家兩個兒子四個孫子家

裏仍然赤貧如洗小姪所以過意不去韋四太
爺歎道眞可謂古之君子了又問道愼卿兄在
家好麽杜少卿道家兄自别後就往南京去了
正說着家人王鬍子手裏拿着一個紅手本站
在窻子外不敢進來杜少卿看見他說道王鬍
子你有甚麽話說手裏拿的甚麽東西王鬍子
走進書房把手本遞上來稟道南京一個姓鮑
的他是領戲班出身他這幾年是在外路生意
纔回來家他過江來叩見少爺杜少卿道他旣

是領班子的你說我家裏有客不得見他手本收下叫他去罷王鬍子說道他說受過先太老爺多少恩德定要當面叩謝少爺杜少卿道這人是先太老爺抬舉過的麼王鬍子道是當年邵奶公傳了他的班子過江來太老爺着實喜歡這鮑廷璽曾許着要照顧他的杜少卿道既如此說你帶了他進來韋四太爺道是南京來的這位鮑兄我纔在路上遇見的王鬍子出去領着鮑廷璽提手提脚一路走進來看見花園

寬濶一望無際走到書房門口一望見杜少卿陪着客坐在那裏頭戴方巾身穿玉色夾紗直裰腳下珠履面皮微黄兩眉劍竪好似畫上關夫子眉毛王鬍子道這便是我家少爺你過來見鮑廷璽進來跪下叩頭杜少爺扶住道你我故人何必如此行禮起來作揖作揖過了又見了韋四太爺杜少卿叫他坐在底下鮑廷璽道門下蒙先老太爺的恩典粉身碎骨難報又因這幾年窮忙在外做小生意不得來叩見少爺

今日纔來請少爺的安求少爺恕門下的罪杜少卿道方纔我家人王鬍子說我家太老爺極其喜歡你要照顧你你旣到這裏且住下了我自有道理王鬍子道席已齊了稟少爺在那裏坐韋四太爺道就在這裏好杜少卿躊躇道還要請一個客來因叫那跟書房的小厮加爵去後門外請張相公來罷加爵應諾去了少刻請了一個大眼睛黃鬍子的人來頭戴瓦楞帽身穿大濶布衣服扭扭捏捏做些假斯文像進來

作揖坐下問了韋四太爺姓名韋四太爺說了
便問長兄貴姓那人道晚生姓張賤字俊民久
在杜少爺門下晚生略知醫道連日蒙少爺相
約在府裏看婁太爺因問婁太爺今日吃藥如
何杜少卿便叫加爵去問問了回來道婁太爺
吃了藥睡了一覺醒了這會覺的清爽些張俊
民又問此位上姓杜少卿道是南京一位鮑朋
友說罷擺上席來奉席坐下韋四太爺首席張
俊民對坐杜少卿主位鮑廷璽坐在底下斟上

酒來吃了一會那餚饌都是自己家裏整治的極其精潔內中有陳過三年的火腿半觔一個的竹蠏都剝出來膾了蠏羹衆人吃着韋四太爺問張俊民道你這道誼自然着實高明的張俊民道熟讀王叔和不如臨症多不瞞太爺說晚生在江湖上胡鬧不會讀過甚麽醫書都是看的症不少近來蒙少爺的教訓纔曉得書是該念的所以我有一個小兒而今且不教他學醫從先生讀着書做了文章就拿來給杜少爺

看少爺在常賞個批語晚生也拿了家去讀熟了學些文理將來再過兩年叫小兒出去考個府縣考騙兩回粉湯包子吃將來掛招牌就可以稱儒醫韋四太爺聽他說這話哈哈大笑了王鬍子又拿一個帖子進來禀道北門汪鹽商家明日酧生日請縣主老爺請少爺去做陪客說定要求少爺到席的杜少卿道你回他我家裏有客不得到席這人也可笑得緊你要做這熱鬧事不會請縣裏暴發的舉人進士陪我那

得工夫替人家陪官王鬍子應諾去了杜少卿向韋四太爺說老伯酒量極高的當日同先君吃半夜今日也要盡醉纔好韋四太爺道正是世兄我有一句話不好說你這餚饌是精極的了只是這酒是市買來的身分有限府上有一罈酒今年該有八九年了想是收着還在杜少卿道小姪竟不知道韋四太爺道你不知道是你令先大人在江西到任的那一年我送到船上尊大人說我家裏埋下一罈酒等我做了官

回來同你老痛飲我所以記得你家裏去問張俊民笑說道這話少爺眞正該不知道杜少卿走了進去韋四太爺道杜公子雖則年少實算在我們這邊的豪傑張俊民道少爺爲人好極只是手太鬆些不管甚麼人求着他大捧的銀與人用鮑廷璽道便是門下從不曾見過像杜少爺這大房舉動的人杜少卿走進去問娘子可曉得這罈酒娘子說不知道遍問這些家人婆娘都說不知道後來問到邵老丫邵老丫想

起來道是有的是老爺上任那年做了一罈酒埋在那邊第七進房子後一間小屋裏說是留着韋四太爺同吃的這酒是二斗糯米做出來的二十斤釀又對了二十斤燒酒一點水也不攙而今埋在地下足足有九年零七月了這酒醉得死人的弄出來爺不要吃杜少爺道我知道了就叫邵老丫拿鑰匙開了酒房門帶了兩個小厮進去從地下取了出來連罈擡到書房裏叫道老伯這酒尋出來了韋四太爺和那兩

個人都起身來看說道是了打開罈頭舀出一杯來那酒和曲餬一般堆在杯子裏聞着噴鼻香韋四太爺道有趣這個不是別樣吃法世兄你再叫人在街上買十斤酒來攙一攙方可吃得今日已是吃不成了就放在這裏明日吃他一天還是二位同享張俊民道自然來奉陪鮑廷璽道門下何等的人也來吃太老爺遺下的好酒這是門下的造化說罷教加爵拿燈籠送張俊民回家去鮑廷璽就在書房裏陪着韋四

太爺歇宿杜少卿候着韋四太爺睡下方纔進去了次日鮑廷璽清晨起來走到王鬍子房裏去加爵又和一個小厮在那裏坐着王鬍子問加爵道韋四太爺可曾起來加爵道起來了洗臉哩王鬍子又問那小厮道少爺可曾起來那小厮道少爺起來多時了在婁太爺房裏看着弄藥王鬍子道我家這位少爺也出奇一個婁老爹不過是太老爺的門客罷了他旣害了病不過送他幾兩銀子打發他回去爲甚麽養在

家裏當做祖宗看待還要一早一晚自己伏侍那小厮道王叔你還說這話裏婁太爺吃的粥和菜我們煨了他兒子孫子看過還不算少爺還要自己看過了纔送與婁太爺吃人參銚子自放在奶奶房裏奶奶自己煨人參藥是不消說一早一晚少爺不得親自送人參就是奶奶親自送人參與他吃你要說這樣話只好惹少爺一頓駡說着門上人走進來道王叔快進去說聲臧三爺來了坐在廳上要會少爺王鬍子叫

那小廝道你婁老爹房裏去請少爺我是不去問安鮑廷璽道這也是少爺的厚道處那小廝進去請了少卿出來會臧三爺作揖坐下杜少卿道三哥好幾日不見你文會做的熱鬧臧三爺道正是我聽見你門上說到遠客慎卿在南京樂而忘返了杜少卿道是烏衣韋老伯在這裏我今日請他你就在這裏坐坐我和你到書房裏去罷臧三爺道且坐着我和你說話縣裏王父母是我的老師他在我跟前說了幾次仰

慕你的大才我幾時同你去會會他杜少卿道像這拜知縣做老師的事只好讓三哥你們做不要說先曾祖先祖就先君在日這樣知縣不知見過多少他果然仰慕我他爲甚麼不先來拜我倒叫我拜他况且倒運做秀才見了本處知縣就要稱他老師王家這一宗灰堆裏的進士他拜我做老師我還不要我會他怎的所以北門汪家今日請我去陪他我也不去臧三爺道正是爲此昨日汪家已向王老師說明是請

你做陪客王老師纔肯到他家來特為要會你你若不去王老師也掃興況且你的客住在家裏今日不陪明日也可陪不然我就替你陪着客你就到汪家走走杜少卿道三哥不要倒熟話你這位貴老師總不是甚麼尊賢愛才不過想人拜門生受些禮物他想着我叫他把夢做醒些況我家今日請客煨的有七斤重的老鴨尋出來的有九年半的陳酒汪家沒有這樣好東西吃不許多話同我到書房裏去頭拉着就

走臧三爺道站着你亂恁的這韋老先生不曾會過也要寫個帖子杜少卿道這倒使得叫小厮拿筆硯帖了出來臧三爺拿帖子寫了個年家眷同學晚生臧荼先叫小厮拿帖子到書房裏隨即同杜少卿進來韋四太爺迎着房門作揖坐下那兩人先在那裏一同坐下韋四太爺問臧三爺尊字杜少卿道臧三哥尊字蓼齋是小姪道學裏翘楚同慎卿家兄也是同會的好友韋四太爺道久慕久慕臧三爺道久仰老先

生幸遇張俊民是彼此認得的臧蓼齋又問這位尊姓鮑廷璽道在下姓鮑方纔從南京回來的臧三爺道從南京來可曾認得府上的慎卿先生鮑廷璽道十七老爺也是見過的當下吃了早飯韋四太爺就叫把這罈酒拿出來兌上十斤新酒就叫燒許多紅炭堆在桂花樹邊把酒罈頓在炭上過一頓飯時漸漸熱了張俊民領着小廝自己動手把六扇窻格盡行下了把桌子抬到簷內大家坐下又備的一席新鮮菜

杜少卿叫小厮拿出一個金杯子來又是四個玉杯罇子裏舀出酒來吃韋四太爺捧着金杯吃一杯讚一杯說道好酒吃了半日王鬍子領着四個小厮抬到一個箱子來杜少卿問是甚麼王鬍子道這是少爺與奶奶大相公新做的秋衣一箱子纔做完了送進來與少爺查件數裁縫工錢已打發去了杜愼卿道放在這裏等我吃完了酒查纔把箱子放下只見那裁縫進來王鬍子道楊裁縫回少爺的話杜少卿道他

又說甚麼站起身來只見那裁縫走到天井里雙膝跪下磕下頭去放聲大哭杜少卿大驚道楊司務這是怎的楊裁縫道小的這些時在少爺家做工今早領了工錢去不想纔還了一會小的母親得個暴病死了小的拿了工錢家去不想到有這一變把錢都還了柴米店里而今母親的棺材衣服一件也沒有沒奈何只得再來求少爺借幾兩銀子與小的小的慢慢做着工算杜少卿道你要多少銀子裁縫道小戶人

家怎敢望多少爺若肯多則六兩少則四兩罷
了小的也要算着除工錢够還杜少卿愀然道
我那裏要你還你雖是小本生意這父母身上
大事你也不可草草將來就是終身之恨幾兩
銀子如何使得至少也要買口十六兩銀子的
棺材衣服雜貨共須二十金我這幾日一個錢
也沒有也罷我這一箱衣服也可當得二十多
兩銀子王鬍子你就拿去同楊司務當了一總
把與楊司務去用又道楊司務這事你却不可

記在心裏只當忘記了的你不是拿了我的銀去吃酒賭錢這母親身上大事人孰無母這是我該帮你的楊裁縫同王鬍子抬着箱子哭哭啼啼去了杜少卿入席坐下韋四太爺道世兄這事真是難得鮑廷璽吐着舌道阿彌陀佛天下那有這樣好人當下吃了一天酒臧三爺酒量小吃到下午就吐了扶了回去韋四太爺這幾個直吃到三更把一罈酒都吃完了方纔散只因這一番有分教輕財好士一鄉多濟友朋

月地花天四海又聞豪傑不知後事如何且聽
下回分解

愼卿少卿俱是豪華公子然兩人自是不同
愼卿純是一團慷爽氣少卿却是一個獃串
皮一副筆墨却能分毫不犯如此
婁太爺是瞎要韋太爺是明吃至裁縫王鬍
子各各有算計少卿之法世情惡薄形容盡
致

林外史第三十一回

儒林外史第三十二回

杜少卿平居豪傑　婁煥文臨居遺言

話說衆人吃酒散了，韋四太爺直睡到次日上午纔起來，向杜少卿辭別要去，說道：「我還打算到你令叔、令兄各家走走。昨日擾了世兄這一席酒，我心裏快活極了！別人家料想也沒這樣有趣。我要去了，連這臧朋友也不能回拜，世兄替我致意他罷。」杜少卿又留住了一日。次日僱了轎夫，拿了一隻玉杯和贛州公的兩件衣服親自送在韋四太爺房裏說道先君拜盟的兄弟只有老伯一位了此後要求老伯常來走走小姪也常到鎮上請老伯安這一個玉杯送老伯帶去吃酒這是先君的兩件衣服送與老伯穿着如看見先君的一般韋四太爺歡喜受了鮑廷璽陪着又吃了一壺酒吃了飯杜少卿拉着鮑廷璽陪着送到城外在轎前作了揖韋四太爺去了兩人回來杜少卿就到婁太爺房裏去問候婁太爺說身子好些要打發他孫子回

去只留着兒子在這裏伏侍杜少卿應了心裏想着没有錢用叫王鬍子來商議道我圩裏那一宗田你替我賣給那人罷了王鬍子道那鄉人他想要便宜少爺要一千五百兩銀子他只出一千三百兩銀子所以小的不敢管杜少卿道就是一千三百兩銀子也罷王鬍子道小的要稟明少爺纔敢去賣的賤了又惹少爺罵小的杜少卿道那個罵你你快些去賣我等着要銀子用王鬍子道小的還有一句話要稟少爺

賣了銀子少爺要做兩件正經事若是幾千幾百的白白的給人用這產業賣了也可惜杜少卿道你看見我白把銀子給那個用的你要賺錢罷了說道許多鬼話快些替我去王鬍子道小的稟過就是了出來悄悄向鮑廷璽道好了你的事有指望了而今我到圩里去賣田賣了田回來替你定主意王鬍子就去了幾天賣了一千幾百兩銀子拿稍袋裝了來家稟少爺道他這銀子是九五兌九七色的又是市平比錢

平小一錢三分半他內裏又扣了他那邊中用
二十三兩四錢銀子畫字去了二三十兩這都
是我們本家要去的而今這銀子在這裏拿天
平來請少爺當面兌杜少卿道那個耐煩你算
這些疙瘩賬既拿來又兌甚麼收了進去就是
了王鬍子道小的也要禀明杜少卿收了這銀
子隨即叫了婁太爺的孫子到書房裏說道你
明日要回去他荅應道是老爺叫我回去杜少
卿道我這裏有一百兩銀子給你你瞞着不要

向你老爹說你是寡婦母親你拿着銀子回家去做小生意養活着你老爹若是好了你二叔回家去我也送他一百兩銀子婁太爺的孫子歡喜接着把銀子藏在身邊謝了少爺次日辭回家去婁太爺叫只稱三錢銀子與他做盤纏打發去了杜少卿送了回來一個鄉里人在廠廳上站着見他進來跪下就與少爺磕頭杜少卿道你是我們公祠堂裏看祠堂的黃大你來做甚麼黃大道小的住的祠堂旁邊一所屋原

是太老爺買與我的而今年代多房子倒了小的該死把墳山的死樹搬了幾顆回來添補梁柱不想被本家這幾位老爺知道就說小的偷了樹把小的打了一個臭死叫十幾個管家到小的家來搬樹連不倒的房子多拉倒了小的沒處存身如今來求少爺向本家老爺說聲公中弄出些銀子來把這房子收拾收拾賞小的住杜少卿道本家向那個說你這房子旣是我家太老爺買與你的自然該是我修理如今

一總倒了要多少銀子重蓋黃大道要蓋須得百金銀子如今只好修補將就些住也要四五十兩銀子杜少卿道也罷我沒銀子且拿五十兩銀子與你去你用完了再來與你說拿出五十兩銀子遞與黃大黃大接着去了門上拿了兩付帖子走進來禀道臧三爺明日請少爺吃酒這一副帖子說也請鮑師父去坐坐杜少卿道你說拜上三爺我明日必來次日同鮑廷璽到臧家臧蓼齋辦了一桌齊整菜恭恭敬敬奉

坐請酒席問說了些閑話到席將終的時候臧三爺斟了一杯酒高高奉着走過席來作了一個揖把酒遞與杜少卿便跪了下去說道老哥我有一句話奉求杜少卿嚇了一跳慌忙把酒丟在桌上跪下去拉着他說道三哥你瘋了這是怎說臧蓼齋道你吃我這杯酒應允我的話我纔起來杜少卿道我也不知道你說的是甚麽話你起來說鮑廷璽也來幫着拉他起來臧蓼齋道你應允了杜少卿道我有甚麽不應允

臧蓼齋道你吃了這杯酒杜少卿道我就吃了這杯酒臧蓼齋道候你乾了站起來坐下杜少卿道你有甚話說罷臧蓼齋道目今宗師考廬州下一棚就是我們我前日替人管着買了一個秀才宗師有人在這里攬這個事我已把三百兩銀子兌與了他後來他又說出來上面嚴緊秀才不敢賣到是把考等第的開個名字來補了廩罷我就把我的名字開了去今年這廩是我補但是這買秀才的人家要來退這三百

兩銀子我若沒有還他這件事就要破身家性命關係我所以和老哥商議把你前日的田價借三百與我打發了這件我將來漫漫的還你你方纔已是依了杜少卿道匹我當你說甚麽話原來是這個事也要大驚小怪磕頭禮拜的甚麽要緊我明日就把銀子送來與你鮑廷璽拍着手道好爽快好爽快拿大杯來再吃幾杯當下拿大杯來吃酒杜少卿醉了問道臧三哥我且問你你定要這廪生做甚麽臧蓼齋道你

那裏知道廩生一來中的多中了就做官就是不中十幾年貢了朝廷試過就是去做知縣推官穿螺螄結底的靴坐堂洒籤打人像你這樣大老官來打秋風把你關在一間房裏給你一個月豆腐吃蒸死了你杜少卿笑道你這匪類下流無恥極矣鮑廷璽又笑道笑談笑談二位老爺都該罰一杯當夜席散次早叫王鬍子送了這一箱銀子去王鬍子又討了六兩銀子賞錢回來在鮮魚麵店裏吃麵遇着張俊民在那

裏吃叫道鬍子老官你過來請這裏坐王鬍子過來坐下拿上麵來吃張俊民道我有一件事托你王鬍子道甚麽事醫好了婁老爹要謝禮張俊民道不相干婁老爹的病是不得好的了王鬍子道還有多少時候張俊民道大約不過一百天這話也不必講他我有一件事托你王鬍子道你説罷了張俊民道而今宗師將到我家小兒要出來應考怕學裏人説是我冒籍托你家少爺向學裏相公們講講王鬍子搖手道

這事共總没中用我家少爺從不曾替學裏相公講一句話他又不歡喜人家說要出來考你去求他他就勸你不考張俊民道這是怎樣王鬍子道而今倒有個方法等我替你回少爺說說你家的確是昌考不得的但鳳陽府的考棚是我家先太老爺出錢蓋的少爺要送一個人去考誰敢不依這樣激着他他就替你用力連貼錢都是肯的張俊民道鬍子老官這事在你作法便了做成了少不得言身寸王鬍子道我

那個要你謝你的兒子就是我的小姪人家將來進了學穿戴着簇新的方巾藍衫替我老叔子多磕幾個頭就是了說罷張俊民還了麵錢一齊出來王鬍子回家問小子們道少爺在那裏小子們道少爺在書房裏他一直走進書房見了杜少卿禀道銀子已是小的送與臧三爺收了着實感激少爺說又替他免了一場是非成全了功名其實這樣事别人也不肯做的杜少卿道這是甚麽要緊的事只管跑了來倒熱

了鬍子道小的還有話稟少爺像臧三爺的廩是少爺替他補公中看祠堂的房子是少爺蓋眼見得學院不日來考又要尋少爺修理考棚我家太老爺拿幾千銀子蓋了考棚白白便益衆人少爺就送一個人去考衆人誰敢不依杜少卿道童生自會去考的要我送怎的王鬍子道假使小的有兒子少爺送去考也沒有人敢說杜少卿道這也何消說這學裡秀才未見得好似奴才王鬍子道後門口張二爺他那兒子

讀書少爺何不叫他考一考杜少卿道他可要
考鬍子道他是個冒籍不敢考杜少卿道你和
他說叫他去考若有廩生多話你就向那廩生
說是我叫他去考的王鬍子道是了應諾了去
這幾日婁太爺的病漸漸有些重起來了杜少
卿道換了醫生來看在家心裏憂愁忽一日臧
三爺走來立着說道你曉得有個新聞縣裏王
公壞了昨晚摘了印新官押着他就要出衙門
縣裏人都說他是個混賬官不肯借房子給他

住在那裏急的要死杜少卿道而今怎樣了臧蓼齋道他昨晚還賴在衙門裏明日再不出就要討沒臉面那個借屋與他住只好搬在孤老院杜少卿道這話果然麼叫小斯叫王鬍子來向王鬍子道你快到縣前向工房說叫他進去稟王老爺說王老爺沒有住處請來我家花園裏住他要房子甚急你去王鬍子連忙去了臧蓼齋道你從前會也不肯會他今日爲甚麽自已借房子與他住況且他這事有拖累將來百

姓要鬧他不要把你花園都折了杜少卿道先
君有大功德在於鄉里人人知道就是我家藏
了強盜也是沒有人家來我家的房子這個老
哥放心至于這王公他旣知道仰慕我就是一
點造化了我前日若去拜他便是奉承本縣知
縣而今他官巳壞了又沒有房子住我就該照
應他他聽見這話一定就來你在我這裏候他
來同他談談說着門上人進來禀道張二爺來
了只見張俊民走進來跪下磕頭杜少卿道你

又怎的張俊民道就是小兒要考的事蒙少爺的恩典杜少卿道我已說過了張俊民道各位廩生先生聽見少爺吩咐都沒的說只要門下捐一百二十兩銀子修學門下那裏捐的起故此又來求少爺商議杜少卿道只要一百二十兩此外可還再要張俊民道不要了杜少卿道這容易我替你出你就寫一個願捐修學官求入籍的呈子來臧三哥你替他送到學裏去銀子在我這裏來取臧三爺道今日有事明日我

和你去罷張俊民謝過去了正迎着王鬍子飛跑來道王老爺來拜已到門下轎了杜少卿和臧蓼齋迎了出去那王知縣紗帽便服進來作揖再拜說道久仰先生不得一面令弟在困厄之中蒙先生慨然以尊齋相借令弟感愧無地所以先來謝過再細細請教恰好臧年兄也在此杜少卿道老父臺些小之事不足介意荒齋原是空閑竟請搬過來便了臧蓼齋道門生正要同敝友來候老師不想返勞老師先施王知

縣道不敢不敢打恭上轎而去杜少卿留下臧蓼齋取出一百二十兩銀子來遞與他叫他明日去做張家這件事臧蓼齋帶着銀子去了次日王知縣搬進來住又次日張俊民備了一席酒送在杜府請臧三爺同鮑師父陪王鬍子私向鮑廷璽道你的話也該發動了我在這裏算着那話已有個完的意思若再遇個人來求些去你就沒帳子你今晚開口當下客到齊了把席擺到廳旁書房裏四人上席張俊民先捧着

一杯酒謝過了杜少卿又斟酒作揖謝了臧三爺入席坐下席間談這許多事故鮑廷璽道門下在這裏大半年了看見少爺用銀子像淌水連裁縫都是大捧拿了去只有門下是七八個月的養在府裏白渾些酒肉吃吃一個大錢也不見面我想這樣乾蔑片也做不來不如揩揩眼淚別處去哭罷門下明日告辭杜少卿道鮑師父你也不曾向我說過我曉得你甚麼心事你有話說不是鮑廷璽慌忙斟一杯酒遞過來說

道門下父子兩個都是教戲班子過日不幸父親死了門下消折了本錢不能替父親爭口氣家裏有個老母親又不能養活門下是該死的人除非少爺賞我個本錢纔可以回家養活母親杜少卿道你一個梨園中的人郤有思念父親孝敬母親的念這就可敬的狠了我怎麽不帮你鮑廷璽站起來道難得少爺的恩典杜少卿道坐着你要多少銀子鮑廷璽看見王鬍子站在底下把眼望着王鬍子王鬍子走上來道

鮑師父你這銀子要用的多哩連叫班子買行頭怕不要五六百兩少爺這里沒有這好將就弄幾十兩銀子給你過江舞起幾個猴子來你再跳杜少卿道幾十兩銀子不濟事我竟給你一百兩銀子你拿過去教班子用完了你再來和我說話鮑廷璽跪下來謝杜少卿拉住道不然我還要多給你些銀子因我這婁太爺病重要料理他的光景我好打發你回去當晚臧張二人都贊杜少卿的慷慨吃罷散了自此之後

婁太爺的病一日重一日那日杜少卿坐在他跟前婁太爺說道大相公我從前挨着只望病好而今看這光景病是不得好了你要送我回家去杜少卿道我一日不曾盡得老伯的情怎麽說要回家婁太爺道你又獃了我是有子有孫的人一生出門在外今日自然要死在家裏難道說你不留我杜少卿垂淚道這樣話我就不留了老伯的壽器是我備下的如今用不着是不好帶去了另拿幾十兩銀子合具壽器衣

服被褥是做停當的與老伯帶去婁太爺道這棺木衣服我受你的你不要又拿銀子給我家兒子孫子我這在三日內就要回去坐不起來了只好用床擡了去你明日早上到令先尊太老爺神主前祝告說婁太爺告辭回去了我在你家三十年是你令先尊一個知心的朋友令先尊去後大相公如此奉事我我還有甚麼話你的品行文章是當今第一人你生的個小兒子尤其不同將來好好教訓他成個正經人物

但是你不會當家不會相與朋友這家業是斷然保不住的了像你做這樣慷慨仗義的事我心裏喜歡只是也要看來說話的是個甚麼樣人像你這樣做法都是被人騙了去沒人報荅你的雖說施恩不望報却也不可這般賢否不明你相與這臧三爺張俊民都是沒良心的人近來又添一個鮑廷璽他做戲的有甚麼好人你也要照顧他若管家王鬍子就更壞了銀錢也是小事我死之後你父子兩人事事學你令

先尊的德行德行若好就沒有飯吃也不妨你平生最相好的是你家慎卿相公慎卿雖有才情也不是甚麽厚道人你只學你令先尊將來斷不吃苦你眼裏又沒有官長又沒有本家這本地方也難住南京是個大邦你的才情到那裡去或者還遇着個知己做出些事業來這剩下的家私是靠不住的了大相公你聽信我言我死也瞑目杜少卿流淚道老伯的好話我都知道了忙出來吩咐僱了兩班腳子擡婁太爺

過南京到陶紅鎮又拿出百十兩銀子來付與婁太爺的兒子回去辦後事第三日送婁太爺起身只因這一番有分教京師池館又看俊傑來遊江北江鄉不見英賢豪舉畢竟後事如何且聽下回分解

寫少卿全沒一分計較可為艱難締造者一哭

儒林外史第三十一回

儒林外史第三十三回

杜少卿夫婦遊山　遲衡山朋友議禮

話說杜少卿自從送了婁太爺回家之後自此就沒有人勸他越發放着胆子用銀子前項已完叫王鬍子又去賣了一分田來二千多銀子隨手亂用又將一百銀子把鮑廷璽打發過江去了王知縣事體已清退還了房子告辭回去杜少卿在家又住了半年多銀子用的差不多了思量把自己住的房子併與本家要到南京

去住和娘子商議娘子依了人勸着他總不肯聽足足鬧了半年房子歸併妥了除還債贖當還落了有千把多銀子和娘子說道我先到南京會過盧家表姪尋定了房子再來接你當下收拾了行李帶着王鬍子同小厮加爵過江王鬍子在路見不是事拐了二十兩銀子走了杜少卿付之一笑只帶了加爵過江到了倉巷裏外祖盧家表姪盧華士出來迎請表叔進去到廳上見禮杜少卿又到樓上拜了外祖外祖母

的神主見了盧華士的母親叫小厮拏出火腿茶葉土儀來送過盧華士請在書房裏擺飯請出一位先生來是華士今年請的業師那先生出來見禮杜少卿讓先生首席坐下杜少卿請問先生貴姓那先生道賤姓遲名均字衡山請問先生貴姓盧華士道這是學生天長杜家表叔遲先生道是少卿先生是海內英豪千秋快士只道聞名不能見面何圖今日邂逅高賢站起來重新見禮杜少卿看那先生細瘦通眉長

爪雙眸炯炯知他不是庸流便也一見如故喫過了飯說起要尋房子來住的話遲衡山喜出望外說道先生何不竟尋幾間河房住杜少卿道這也極好我和你借此先去看看秦淮遲先生叫華士在家好好坐着便同少卿步了出來走到狀元境只見書店里貼了多少新封面內有一个寫道歷科程墨持運處州馬純上嘉興蘧駪夫同選杜少卿道這蘧駪夫是南昌蘧太守之孫是我敝世兄既在此我何不進去會會

他便同遲先生進去蘧駪夫出來敘了世誼彼
此道了些相慕的話馬純上出來敘禮問先生
貴姓蘧駪夫道此乃天長殿元公孫杜少卿先
生這位是句容遲衡山先生皆江南名壇領袖
小弟輩恨相見之晚喫過了茶遲衡山道少卿
兄要尋居停此時不能久談要相別了同走出
來只見櫃臺上伏着一个人在那里看詩指着
書上道這一首詩就是我的四个人走過來看
見他傍邊放着一把白紙詩扇蘧駪夫打開一

看款上寫着蘭江先生蘧駪夫笑道是景蘭江景蘭汀抬起頭來看見二人作揖問姓名杜少卿拉着遲衡山道我每且去尋房子再來會這些人當下走過淮清橋遲衡山路熟找着房牙子一路看了幾處河房多不中意一直看到東水關這年是鄉試年河房最貴這房子每月要八兩銀子的租錢杜少卿道這也罷了先租了住着再買他的南京的風俗是要付一个進房一个押月當下房牙子同房主人跟到倉巷盧

家寫定租約付了十六兩銀子盧家擺酒留遲衡山同杜少卿坐坐到夜深遲衡山也在這里宿了次早才洗臉只聽得一人在門外喊了進來杜少卿先生在那里杜少卿正要出去看那人已走進來說道且不要通姓名且等我猜一猜着定了一會神走上前一把拉着少卿道你便是杜少卿杜少卿笑道我便是杜少卿這位是遲衡山先生這是舍表姪先生你貴姓那人道少卿天下豪士英氣逼人小弟一見喪胆不

似遲先生老成尊重所以我認得不錯小弟便是季葦蕭遲衡山道是定梨園榜的季先生久仰久仰季葦蕭坐下向杜少卿道令兄已是北行了杜少卿驚道幾時去的季葦蕭道纔去了三四日小弟送到龍江關他加了貢進京鄉試去了少卿兄揮金如土為甚麼躲在家里用不拿來這里我們大家頑頑杜少卿道我如今來了現看定了河房到這里來居住季葦蕭拍手道妙妙我也尋兩間河房同你做隣居把賤內

也接來同老嫂作伴這買河房的錢就出在你杜少卿道這个自然須臾盧家擺出飯來留季葦蕭同喫喫飯中間談及哄愼卿看道士的這一件事衆人大笑把飯都噴了出來纔喫完了飯便是馬純上蘧駪夫景蘭江來拜會着談了一會送出去才進來又是蕭金鉉諸葛天中季恬逸來拜季葦蕭也出來同坐談了一會季葦蕭同三人一路去了杜少卿寫家書打發人到天長接家眷去了次日清晨正要回拜季葦蕭

這幾个人又是郭鉄筆同來道士來拜杜少卿迎了進來看見道士的模樣想起昨日的話又忍不住笑道士足恭了一回拿出一卷詩來郭鉄筆也送了兩方圖書杜少卿都收了吃過茶告別去了杜少卿方才出去回拜這些人一連在盧家住了七八天同遲衡山談些禮樂之事甚是相合家眷到了共是四隻船攏了河房杜少卿辭別盧家搬了行李去次日衆人來賀這時三月初旬河房漸好也有簫管之聲杜少卿

備酒請這些人共只是四席那日季葦蕭馬純上蘧駪夫季恬逸遲衡山盧華士景蘭江諸葛天申蕭金鉉郭鐵筆來霞士都在席金東崖是河房鄰居拜往過了也請了來本日茶廚先到鮑廷璽打發新教的三元班小戲子來磕頭見了杜少爺杜娘子賞了許多菓子去了隨即房主人家薦了一个賣花堂客叫做姚奶奶來見杜娘子留他坐着到上晝時分客已到齊將河房窗子打開了衆客散坐或凭欄看水或啜茗閒

談或據案觀書或箕踞自適各隨其便只見門外一頂轎子鮑廷璽跟着是送了他家王太太來問安王太太下轎進去了姚奶奶看見他就忍笑不住向杜娘子道這是我們南京有名的王太太他怎肯也到這裏來王太太見杜娘子着實小心不敢抗禮杜娘子也留他坐下杜少卿進來姚奶奶王太太又叩見了少爺鮑廷璽在河房見了衆客口內打渾説笑鬧了一會席面已齊杜少卿出來奉席坐下吃了半夜酒各

自散訖鮑廷璽自已打着燈籠照王太太坐了轎子也囬去了又過了幾日娘子因初到南京要到外面去看看景致杜少卿道這个使得當下吽了幾乘轎子約姚奶奶做陪客兩三个家人婆娘都坐了轎子跟着厨子挑了酒席借清涼山一个姚園這姚園是个極大的園子進去一坐籬門籬門內是鵞卵石砌成的路一路朱紅欄杆兩邊綠柳掩映過去三間廳便是他賣酒的所在那日把酒桌子都搬了過廳便是一

路山徑上到山頂便是一个八角亭子席擺在亭子上娘子和姚奶奶一班人上了亭子觀看景致一邊是清涼山高高下下的竹樹一邊是靈隱觀綠樹叢中露出紅墻來十分好看坐了一會杜少卿也坐轎子來了轎裏帶了一隻赤金杯子擺在桌上斟起酒來拏在手內趁着這春光融融和氣習習憑在欄杆上留連痛飲這日杜少卿大醉了竟携着娘子的手出了園門一手拏着金杯大笑着在清涼山岡子上走了

一里多路背後三四个婦女嘻嘻笑笑跟着兩
邊看的人目眩神揺不敢仰視杜少卿夫婦兩
个上了轎子去了姚奶奶和這幾个婦女採了
許多桃花插在轎子上也跟上去了杜少卿回
到河房天色已晚只見盧華士還在那里坐着
說道北門橋莊表伯聽見表叔來了急于要會
明日請表叔在家坐一時不要出門莊表伯來
拜杜少卿道紹光先生是我所師事之人我因
他不耐同這一班詞客相聚所以前日不曾約

他我正要去看他怎反勞他到來看我賢侄你作速回去打發人致意我明日先到他家去華士應諾去了杜少卿送了出去纔關了門文聽得打的門响小厮開門出去同了一人進來稟道婁大相公來了杜少卿舉眼一看見婁煥文的孫子穿着一身孝哭拜在地說道我家老爺去世了特來報知杜少卿道幾時去世的婁大相公道前月二十六日杜少卿大哭了一塲吩咐連夜製備祭禮次日清晨坐了轎子往陶紅

鎮去了季葦蕭打聽得姚園的事絕早走來訪問知道已往陶紅帳帳而返杜少卿到了陶紅在婁太爺柩前大哭了幾次拏銀子做了幾天佛事超度婁太爺生天婁家把許多親戚請來陪杜少卿一連住了四五日哭了又哭陶紅一鎮上的人人人嘆息說天長杜府厚道又有人說這老人家爲人必定十分好所以杜府纔如此尊重報答他爲人須像這个老人家方爲不愧杜少卿又拏了幾十兩銀子交與他兒子孫

子買地安葬婁太爺婁家一門男男女女都出
來拜謝杜少卿又在柩前慟哭了一塲方纔回
來到家娘子向他說道自你去的第二日巡撫
一个差官同天長縣的一个門斗拿了一角文
書來尋我囘他不在家他住在飯店裏日日來
問不知爲甚事杜少卿道這又奇了正疑惑間
小厮來說道那差官和門斗在河房裏要見杜
少卿走出去同那差官見禮坐下差官道了恭
喜門斗送上一角文書來那文書是折開過的

杜少卿拿出來看只見上寫道巡撫部院李爲舉荐賢才事欽奉聖旨採訪天下儒修本部院訪得天長縣儒學生員杜儀品行端醇文章典雅爲此飭知該縣儒學教官即敦請該生即日束裝赴院以便考驗申奏朝廷引見擢用毋違速速杜少卿看了道李大人是先祖的門生原是我的世叔所以薦舉我我怎麼敢當但大人如此厚意我即刻料理起身到轅門去謝留差官喫了酒飯送他幾兩銀子作盤程門斗也給

了他二兩銀子打發先去了在家收拾沒有盤纏把那一隻金杯當了三十兩銀子帶一个小厮上船徃安慶去了到了安慶不想李大人因事公出過了幾日纔回來杜少卿投了手本那里開門請進去請到書房里李大人出來杜少卿拜見請過大人的安李大人請他坐下李大人道自老師去世之後我常念諸位世兄久聞世兄才品過人所以朝廷仿古徵辟大典我學生要借光萬勿推辭杜少卿道小侄菲才寡學

大人誤採虛名恐其有玷薦牘李大人道不必
太謙我便向府縣取結杜少卿道大人垂愛小
侄豈不知但小侄麋鹿之性草野慣了近又多
病還求大人另訪李大人道世家子弟怎說得
不肯做官我訪的不差是要薦的杜少卿就不
敢再說了李大人留着住了一夜拿出許多詩
文來請教次日辭別出來他這番盤程帶少了
又多住了幾天在轅門上又被人要了多少喜
錢去叫了一隻船回南京船錢三兩銀子也欠

着一路又遇了逆風走了四五天纔走到蕪湖到了蕪湖那船真走不動了船家要錢買米煮飯杜少卿叫小厮尋一尋只剩了五个錢杜少卿算計要拿衣服去當心裏躊躇到岸上去走走見是吉祥寺因在茶桌上坐着吃了一開茶又肚裏餓了喫了三个燒餅到要六个錢還走不出茶館門只見一个道士在面前走過去杜少卿不曾認得清那道士回頭一看忙走近前道杜少爺你怎麼在這裏杜少卿笑道原來是

來霞兄你且坐下吃茶來霞士道少老爺你爲甚麼獨自在此杜少卿道你幾時來的來霞士道我自叨擾之後因這蕪湖縣張老父臺寫書子接我來做詩所以在這里我就寓在識舟亭甚有景致可以望江少老爺到我下處去坐坐杜少卿道我也是安慶去看一个朋友回來從這里過阻了風而今和你到尊寓頭頑去來霞士會了茶錢兩人同進識舟亭廟里道士走了出來問那里來的尊客來道士道是天長杜狀

元府里杜少老爺道士聽了着實恭敬請坐拜茶杜少卿看見墻上貼着一个斗方一首識舟亭懷古的詩上寫霞士道兄教正下寫燕里韋闡思玄稿杜少卿道這是滁州烏衣鎮韋四太爺的詩他幾時在這里的道士道韋四太爺現在樓上杜少卿向來霞士道這樣我就同你上樓去便一同上樓來道士先喊道韋四太爺天長杜少老爺來了韋四太爺荅應道是那个要走下樓來看杜少卿上來道老伯小侄在此韋

四太爺兩手抹着鬍子哈哈大笑說道我當是誰原來是少卿你怎麼走到這荒江地面來且請坐下待我烹起茶來敘敘濶懷你倒底從那裏來杜少卿就把李大人的話告訴幾句又道小姪這回盤程帶少了今日只剩的五个錢方纔還契的是來老爺的茶船錢飯錢都無章四太爺大笑道好好今日大老官畢了但你是个豪傑這樣事何必焦心且在我下處坐着喫酒我因有教的一个學生住在蕪湖縣前日進了

學我來賀他他謝了我二十四兩銀子你在我
這里喫了酒看風轉了我拿十兩銀子給你去
杜少卿坐下同韋四太爺來霞士三人吃酒直
喫到下午看着江里的船在樓窗外過去船上
的定風旗漸漸轉動韋四太爺道好了風雲轉
了大家靠着窗子看那江裏看了一回太陽落
了下去返照照着幾千根桅杆半截通紅杜少
卿道天色已晴東北風息了小侄告辭老伯下
船去韋四太爺拿出十兩銀子遞與杜少卿同

來霞士送到船上來霞士又托他致意南京的
諸位朋友說罷别過兩人上岸去了杜少卿在
船歇宿是夜五皷果然起了微微西南風船家
扯起篷來乘着順風只走了半天就到白河口
杜少卿付了船錢搬行李上岸坐轎來家娘子
接着他就告訴娘子前日路上沒有盤程的這
一番笑話娘子聽了也笑次日便到北門橋去
拜莊紹光先生那里回說浙江巡撫徐大人請
了遊西湖去了還有些日子纔得來家杜少卿

便到會巷盧家去會遲衡山盧家留着喫飯遲衡山閑話說起而今讀書的朋友只不過講个舉業若會做兩句詩賦就算雅極的了放着經史上禮樂兵農的事全然不問我本朝太祖定了天下大功不差似湯武却全然不會制作禮樂少卿兄你此番徵辟了去替朝廷做些正經事方不愧我輩所學杜少卿道這徵辟的事小弟已是辭了正爲走出去做不出甚麽事業徒惹高人一笑所以寧可不出去的好遲衡山又

在房裏拿出一个手卷來說道這一件事須是與先生商量杜少卿道甚麼事遲衡山道我們這南京古今第一个賢人是吳泰伯却並不曾有個專祠那文昌殿關帝廟到處都有小弟意思要約些朋友各捐幾何蓋一所泰伯祠春秋兩仲用古禮古樂致祭借此大家習學禮樂成就出些人才也可以助一助政教但建造這祠須數千金我表了个手卷在此願捐的寫在上面少卿兄你願出多少杜少卿大喜道這是該

的接過手卷放開寫道天長杜儀捐銀三百兩遲衡山道也不少了我把歷年做館的修金節省出來也捐二百兩就寫在上面又叫華士你也勉力出五十兩也就寫在卷子上遲衡山捲起收了又坐着閑談只見杜家一个小厮走來稟道天長有个差人在河房裡要見少爺請少爺回去杜少卿辭了遲衡山回來只因這一番有分教一時賢士同辭爵祿之縻兩省名流重修禮樂之事不知後事如何且聽下回分解一

杜少卿乃豪蕩自喜之人似乎不與遲衡山同氣味然一見衡山便互相傾倒可知有眞性情者亦不必定在氣味之相投也衡山之迂少卿之狂皆如玉之有瑕美玉以無瑕爲貴而有瑕正見其爲眞玉夫子謂古之民有三疾又以愚魯辟喭目四子可見人不患其有毛病但問其有何如之毛病

識舟亭遇見來霞士又遇見韋思元令觀者耳目爲之一快子美云途窮仗友生人不親

歷此等境界不知此中之苦亦不知此中之
趣想作者學太史公讀書遍歷天下名山大
川然後具此種胸襟能寫出此種境況也
祭泰伯祠是書中第一个大結束凡作一部
大書如匠石之營宮室必先具結構于胸中
孰爲廳堂孰爲臥室孰爲書齋灶廄一一布
置停當然後可以興工此書之祭泰伯祠是
宮室中之廳堂也從開卷歷歷落落寫諸名
士爲到虞博士是其結穴處故祭泰伯祠亦

是其結穴處譬如琅山導江至敷淺原是大總滙處以下又廽遷而入于海書中之有泰伯祠猶之乎江漢之有敷淺原也

儒林外史第三十三回

儒林外史第三十四回

議禮樂名流訪友　備弓旌天子招賢

話說杜少卿別了遲衡山出來問小厮道那差人他說甚麽小厮道他說少爺的文書已經到了李大老爺吩咐縣裏鄧老爺請少爺到京裡去做官鄧老爺現住在承恩寺差人說請少爺在家裏鄧老爺自己上門來請杜少卿道既如此說我不走前門家去了你快叫一隻船我從河房欄杆上上去當下小厮在下浮橋僱了一

隻涼蓬杜少卿坐了來家忙取一件舊衣服一
頂舊帽子穿戴起來拿手帕包了頭睡在床上
叫小厮你向那差人說我得了暴病請鄧老爺
不用來我病好了慢慢來謝鄧老爺小厮打發
差人去了娘子笑道朝廷叫你去做官你為甚
麼粧病不去杜少卿道你好獃放着南京這樣
好頑的所在留着我在家春天秋天同你出去
看花喫酒好不快活為甚麼要送我到京裏去
假使連你也帶往京裏京裏又冷你身子又弱

一陣風吹得凍死了也不好還是不去的妥當小厮進來說鄧老爺來了坐在河房裏定要會少爺杜少卿叫兩个小厮攙扶着做个十分有病的模樣路也走不全出來拜謝知縣拜在地下就不得起來知縣慌忙扶了起來坐下就道朝廷大典李大人耑要借光不想先生病得狼狽至此不知幾時可以勉强就道杜少卿道治晚不幸大病生死難保這事斷不能了總求老父臺代我懇辭袖子裡取出一張呈子來遞與

知縣知縣看這般光景不好久坐說到弟且別了先生恐怕勞神這事弟也只得備文書詳覆上去看大人意思何如杜少卿道極蒙台愛恕治晚不能躬送了知縣作別上轎而去隨即將了文書說杜生委係患病不能就道申詳了李大人恰好李大人也調了福建巡撫這事就罷了杜少卿聽見李大人已去心裡歡喜道好了我做秀才有了這一場結局將來鄉試也不應科歲也不考逍遙自在做些自己的事罷杜少

卿因托病辭了知縣在家有許多時不曾出來這日鼓樓街薛鄉紳家請酒杜少卿辭了不到遲衡山先到了那日在坐的客是馬純上蘧駪夫季葦蕭都在那里坐定又到了兩位客一个是揚州蕭柏泉名樹滋一个是采石余夔字和聲是兩个少年名士這兩人面如傅粉唇若塗朱舉止風流芳蘭竟體這兩个名士獨有兩个綽號一个叫余美人一个叫蕭姑娘兩位會了衆人作揖坐下薛鄉紳道今日奉邀諸位先生

小坐推清橋有一个姓錢的朋友我約他來陪諸位頑頑他偏生的今日有事不得到季葦蕭道老伯可是那做正生的錢麻子薛鄉紳道是遲衡山道老先生同士大夫晏會那梨園中人也可以許他一席同坐的麽薛鄉紳道此風也久了弟今日請的有高老先生那高老先生最喜此人談吐所以約他遲衡山道是那位高老先生季葦蕭道是六合的現任翰林院侍讀說着門上人進來禀道高大老爺到了薛鄉紳迎

了出去高老先紗帽蟒衣進來與衆人作揖首席坐下認得季葦蕭說道季年兄前日枉顧有失迎迓承惠佳作尚不曾捧讀便問這兩位少年先生尊姓余美人蕭姑娘各道了姓名又問馬蘧二人馬純上道書坊里選歷程科墨持運的便是晚生兩个余美人道這位蘧先生是南昌太守公孫先父曾在南昌做府學蘧先生和晚生也是世弟兄問完了纔問到遲先生遲衡山道賤姓遲字衡山 季葦蕭道遲先生有制禮

作樂之才乃是南邦名宿高老先生聽罷不言語了喫過了三遍茶換去大衣服請在書房里坐這高老先生雖是一个前輩却全不做身分最好頑耍同衆位說說笑笑並無顧忌纔進書房就問道錢朋友怎麼不見薛鄉紳道他今日回了不得來高老先生道沒趣沒趣今日滿座欠雅矣薛鄉紳擺上兩席奉席坐下席問談到浙江這許多名士以及西湖上的風景婁氏弟兄兩个許多結交賓客的故事余美人道這些

事我還不愛我只愛駪夫家的雙紅姐說着還齒頰生香季葦蕭道怪不得你是個美人所以就愛美人了蕭柏泉道小弟生平最喜修補紗帽可惜會編修公不曾會着聽見他那言論丰采倒底是個正經人若會着我少不得着實請教他可惜已去世了蘧駪夫道我婁家表叔那番豪舉而今再不可得了季葦蕭道駪兄這是甚麼話我們天長杜氏弟兄只怕更勝于令表叔的豪舉遲衡山道兩位中是少卿更好高老

先生道諸位才說的可就是贛州太守的乃郎遲衡山道正是老先生也相與高老先生道我們天長六合是接壤之地我怎麼不知道諸公莫怪學生說這少卿是他杜家第一个敗類他家祖上幾十代行醫廣積陰德家里也掙了許多田產到了他家殿元公發達了去雖做了幾十年官却不會尋一个錢來家到他父親還有本事中个進士做一任太守已經是个獃子了做官的時候全不曉得敬重上司只是一味希

圖着百姓說好又逐日講那些敦孝弟勸農桑的獃話這些話是教養題目文章裡的詞藻他竟拿着當了真惹的上司不喜歡把个官弄掉了他這兒子就更胡說混穿混喫和尚道士工匠花子都拉着相與却不肯相與一个正經人不到十年內把六七萬銀子弄的精光天長縣站不住搬在南京城裡日日攜着乃眷上酒館喫酒手裡拿着一个銅盞子就像討飯的一般不想他家竟出了這樣子弟學生在家裡往常

教子侄們讀書就以他爲戒每人讀書的卓子上寫一紙條貼着上面寫道不可學天長杜儀遲衡山聽罷紅了臉道近日朝廷徵辟他他都不就高老先生冷笑道先生你這話又錯了他果然肚裏通就該中了去又笑道徵辟難道算得正途出身麼蕭柏泉道老先生說的是向衆人道我們後生晚輩都該以老先生之言爲法當下又喫了一會酒說了些閑話席散高老先生坐轎先去了衆位一路走遲衡山道方才高

老先生這些話分明是罵少卿不想倒替少卿
添了許多身分衆位先生少卿是自古及今難
得的一个奇人馬二先生道方才這些話也有
幾句說的是季葦蕭道總不必管他他河房裏
有趣我們幾个人明日一齊到他家叫他買酒
給我們喫余和聲道我們兩个人也去拜他當
下約定了次日杜少卿纔起來坐在河房里隣
居金東崖拿了自己做的一本四書講章來請
教擺桌子在河房里看看了十幾條落後金東

崖指着一條問道先生你說這羊棗是甚麽羊棗郎羊腎也俗語說只顧羊卵子不顧羊性命所以曾子不喫杜少卿笑道古人解經也有穿鑿的先生這話就太不倫了正說着遲衡山馬純上蘧駪夫蕭柏泉季葦蕭余和聲一齊走了進來作揖坐下杜少卿道小弟許久不曾出門有踈諸位先生的教今何幸羣賢畢至便問二位先生貴姓余蕭二人各道了姓名杜少卿道蘭江怎的不見蘧駪夫道他又在三山街開了

个頭巾店做生意小厮奉出茶來季葦蕭道不是喫茶的事我們今日要酒杜少卿道這个自然且閒談着遲衡山道前日承見賜詩說極其佩服但吾兄說詩大旨可好請教一二蕭柏泉道先生說的可单是擬題馬二先生道想是在永樂大全上說下來的遲衡山道我們且聽少卿說杜少卿道朱文公解經自立一說也是要後人與諸儒參看而今丟了諸儒只依朱註這是後人固陋與朱子不相干小弟徧覽諸儒之

說也有一二私見請教即如凱風一篇說七子之母想再嫁我心裡不安古人二十而嫁養到第七个兒子又長大了那母親也該有五十多歲那有想嫁之禮所謂不安其室者不過因衣服飲食不稱心在家吵鬧七子所以自認不是這話前人不曾說過遲衡山點頭道有理杜少卿道女曰雞鳴一篇先生們說他怎麼樣好馬二先生道這是鄭風只是說他不淫還有甚麼別的說遲衡山道便是也還不能得其深味杜

少卿道非也但凡士君子横了一个做官的念頭在心裡便先要驕傲妻子妻子想做夫人想不到手便事事不遂心吵閙起來你看這夫婦兩个絕無一點心想到功名富貴上去彈琴飲酒知命樂天這便是三代以上修身齊家之君子這个前人也不曾說過蘧駪夫道這一說果然妙了杜少卿道據小弟看來溱洧之詩也只是夫婦同遊並非淫亂季葦蕭道恠道前日老哥同老嫂在桃園大樂這就是你彈琴飲酒采

蘭贈勺的風流了衆人一齊大笑遲衡山道少卿妙論令我聞之如飲醍醐余和聲道那邊醍醐來了衆人看時見是小廝捧出酒來當下擺齊酒餚八位坐下小飲季葦蕭多喫了幾杯醉了說道少卿兄你眞是絕世風流據我說鎮日同一个三十多歲的老嫂子看花飲酒也覺得掃興據你的才名又住在這樣的好地方何不娶一个標致如君又有才情的才子佳人及時行樂杜少卿道葦兄豈不聞晏子云今雖老而

醜我固及見其姣且好也況且娶妾的事小弟
覺得最傷天理天下不過是這些人一个人占
了幾个婦人天下必有幾个無妻之客小弟爲
朝廷立法人生須四十無子方許娶一妾此妾
如不生子便遣別嫁是這等樣天下無妻子的
人或者也少幾个也是培補元氣之一端蕭柏
泉道先生說得好一篇風流經濟遲衡山嘆息
道宰相若肯如此用心天下可立致太平當下
喫完了酒衆人歡笑一同辭別去了過了幾日

遲衡山獨自走來杜少卿會着遲衡山道那泰伯祠的事已有个規模了將來行的禮樂我草了一个底稿在此來和你商議替我斟酌起來杜少卿接過底稿看了道這事還須尋一个人斟酌遲衡山道你說尋那个杜少卿道莊紹光先生遲衡山道他前日浙江回來了杜少卿道我正要去我和你而今同去看他當下兩人坐了一隻凉篷船到了北門橋上了岸見一所朝南的門面房子遲衡山道這便是他家了兩人

走進大門門上的人進去禀了主人那主人走了出來這人姓莊名尚志字紹光是南京累代的讀書人家這莊紹光十一二歲就會做一篇七千字的賦天下皆聞此時已將及四十歲名滿一時他却閉戸著書不肯妄交一人這日聽見是這兩个人來方才出來相會只見頭戴方巾身穿寶藍夾紗直裰三綹髭鬚黃白面皮出來恭恭敬敬同二位作揖坐下莊紹光道少卿兄相別數載却喜卜居秦淮爲三山二水生色

前日又多了皖江這一番纏繞你却也辭的爽快杜少卿道前番正要來相會恰遇故友之喪只得去了幾時回來時先生已浙江去了莊紹光道衡山兄常在家裡怎麽也不常會遲衡山道小弟為泰伯祠的事奔走了許多日子今已略有規模把所訂要行的禮樂送來請教袖裡拿出一个本子來遞了過去莊紹光接過從頭細細看了說道這千秋大事小弟自當贊助效勞但今有一事又要出門幾時多則三月少則

兩月便回那時我們細細考訂遲衡山道又要到那里去莊紹光道就是浙撫徐穆軒先生今陞少宗伯他把賤名薦了奉旨要見只得去走一遭遲衡山道這是不得就回來的莊紹光道先生放心小弟就回來的不得誤了泰伯祠的大祭杜少卿道這祭祀的事少了先生不可甚候早回遲衡山叫將邸抄借出來看小厮取了出來兩人同看上寫道禮部侍郎徐爲薦舉賢才事奉聖旨莊尚志着來京引見欽此兩人看

了說道我們且別候入都之日再來奉送莊紹光道相晤不遠不勞相送說罷出來兩人去了莊紹光晚間置酒與娘子作別娘子道你往常不肯出去今日怎的聞命就行莊紹光道我們與山林隱逸不同既然奉旨召我君臣之禮是敖不得的你但放心我就回來斷不爲老萊子之妻所笑次日應天府的地方官都到門來催迫莊紹光悄悄叫了一乘小轎帶了一个小廝腳子挑了一担行李從後門老早就出漢西門

去了莊紹光從水路過了黃河僱了一輛車曉
行夜宿一路來到山東地方過兖州府四十里
地名叫做辛家驛住了車子喫茶這日天色未
晚催着車夫還要趕幾十里地店家說道不瞞
老爺說近來咱們地方上响馬甚多凡過往的
客人須要遲行早住老爺雖然不比有本錢的
客商但是也要小心些莊紹光聽了這話便叫
車夫竟住下罷小廝揀了一間房把行李打開
鋪在炕上拿茶來喫着只聽得門外鑾鈴亂响

來了一起銀鞘有百十个牲口內中一个解官武員打扮又有同伴的一个人五尺以上身材六十外歲年紀花白鬍鬚頭戴一頂毡笠子身穿箭衣腰插彈弓一張腳下黃牛皮靴兩人下了牲口拿着鞭子一齊走進店來吩咐店家道我們是四川解餉進京的今日天色將晚住一宿明日早行你們須要小心伺候店家連忙答應那解官督率着腳夫將銀鞘搬入店內牲口赶到槽上掛了鞭子同那人進來向莊紹光施

禮坐下莊紹光道尊駕是四川解餉來的此位
想是貴友不敢拜問尊姓大名解官道在下姓
孫叨任守備之職敝友姓蕭字昊軒成都府人
因問莊紹光進京貴幹莊紹光道了姓名并赴
召進京的緣故蕭昊軒道久聞南京有位莊紹
光先生是當今大名士不想今日無意中相遇
極道其傾倒之意莊紹光見蕭昊軒氣宇軒昂
不同流俗也就着實親近因說道國家承平日
久近來的地方官辦事件件都是虛應故事像

這盜賊橫行全不肯講究一个弭盜安民的良法聽見前路响馬甚多我們須要小心防備蕭昊軒笑道這事先生放心小弟生平有一薄技百步之內用彈子擊物百發百中响馬來時只消小弟一張彈弓叫他來得去不得人人送命一个不留孫解官道先生若不信敝友手段可以當面請教一二莊紹光道急要請教不知可好驚動蕭昊軒道這有何妨正要獻醜送將彈弓拿了走出天井來向腰間錦袋中取出兩个

彈丸拿在手裡莊紹光同孫解官一齊步出天井來看只見他把彈弓舉起向着空闊處先打一丸彈子拋在空中續將一丸彈子打去恰好與那一丸彈子相遇在半空裡打得粉粹莊紹光看了讚嘆不已連那店主人看了都嚇一跳蕭昊軒收了彈弓進來坐下談了一會各自喫了夜飯住下次早天色未明孫解官便起來催促騾夫腳子搬運銀鞘打發房錢上路莊紹光也起來洗了臉叫小厮拴束行李會了賬一同

前行一羣人叙行了有十多里路那時天色未明曉星猶在只見前面林子裡黑影中有人走動那些趕鞘的騾夫一齊叫道不好了前面有賊把那百十个騾子都赶到道旁坡子下去蕭昊軒聽得疾忙把彈弓拿在手裡孫解官也拔出腰刀拿在馬上只聽得一枝响箭飛了出來响箭過處就有無數騎馬的從林子裡奔出來蕭昊軒大喝一聲扯滿弓一彈子打去不想刮喇一聲那條弓弦迸爲兩段那响馬賊數十人

齊聲打了一个忽哨飛奔前來解官嚇得撥回馬頭便跑那些騾夫脚子一个个爬伏在地儘着响馬賊赶着百十个牲口馱了銀鞘往小路上去了莊紹光坐在車裡半日也說不出話來也不曉得車外邊這半會做的是些甚麽勾當蕭昊軒因弓弦斷了使不得力量撥馬往原路上跑跑到一个小店門口敲開了門店家看見知道是遇了賊因問老爺昨晚住在那个店裡蕭昊軒說了店家道他原是賊頭趙大一路做

線的老爺的弓絃必是他昨晚弄壞了蕭昊軒省悟悔之無及一時人急智生把自己頭髮拔下一綹登時把弓絃續好飛馬回來遇着孫解官說賊人已投向東小路而去了那時天色已明蕭昊軒策馬飛奔來了不多路望見賊衆擁護着銀鞘慌忙的前走他便加鞭趕上手挑彈弓好像暴雨打荷葉的一般打的那些賊人一个个抱頭鼠竄丢了銀鞘如飛的逃命去了他依舊把銀鞘同解官慢慢的趕回大路會着莊

紹光述其備細莊紹光又讚嘆了一會同走了半天莊紹光行李輕便遂辭了蕭孫二人獨自一輛車子先走走了幾天將到盧溝橋只見對面一个人騎了騾子來遇着車子問車裡這位客官尊姓車夫道姓莊那人跳下騾子說道莫不是南京來的莊徵君麼莊紹光正要下車那人拜倒在地只因這一番有分教朝廷有道修大禮以尊賢儒者愛身遇高官而不受畢竟後事如何且聽下回分解

高侍讀是曾編修一流人物故有曾編修之怪婁氏弟兄卽有高侍讀之怪杜少卿何者物之不同類者每不能相容也然編修之怪婁氏語和尚平侍讀之怪少卿語太激烈矣以少卿較之二婁似少卿之鋒鋩太露故其受怪又加于二婁一等昌黎謂小得意則小怪之大得意則大怪之葢不獨文章爲然矣

說經一段是眞學問不可作稗官草草讀之

寫莊紹光風流儒雅高出諸人一等筆墨之

高潔難從不知者索解遇响馬一段縱橫出
没極文字之奇觀昔人謂左傳最善敘戰功
此書應是不愧最妙在紹光纔說有可無弭
盜安民之法及乎親身遇盜幾乎魄散魂飛
藏身無地可見書生紙上空談未可認爲經
濟此作者皮裏陽秋眞難從不知者索解也

儒林外史第三十四回

儒林外史第三十五回

聖天子求賢問道　莊徵君辭爵還家

話說莊徵君看見那人跳下騾子拜在地下慌忙跳下車來跪下扶住那人說道足下是誰我一向不曾認得那人拜罷起來說道前面三里之遥便是一个村店老先生請上了車我也奉陪了回去到店裡談一談莊徵君道最好上了車子那人也上了騾子一同來到店裏彼此見過了禮坐下那人道我在京師裏算着徵辟的

旨意到南京去這時候該是先生來的日子了所以出了彰儀門遇着騾轎車了一路問來果然問着今幸得接大教莊徵君道先生尊姓大名貴鄉何處那人道小弟姓盧名德字信侯湖廣人氏因小弟立了一个志向要把本朝名人的文集都尋遍了藏在家裡二十年了也尋的不差甚麽的了只是國初四大家只有高青邱是被了禍的文集人家是沒有只有京師一个人家收着小弟走到京師用重價買到手正要

回家去却聽得朝廷徵辟了先生我想前輩已去之人小弟尚要訪他文集況先生是當代一位名賢豈可當面錯過因在京候了許久一路問的出來莊徵君道小弟堅卧白門原無心于仕途但蒙皇上特恩不得不來一走却喜邂逅中得見先生眞是快事但是我兩人纔得相逢就要分手何以爲情今夜就在這店里權住一宵和你連床談談又談到名人文集上莊徵君向盧信侯道像先生如此讀書好古豈不是个

極講求學問的但國家禁令所在也不可不知避忌青邱文字雖其中並無毀謗朝廷的言語既然太祖惡其爲人且現在又是禁書先生就不看他的著作也罷小弟的愚見讀書一事要由博而返之約總以心得爲主先生如同貴府便道枉駕過舍還有些拙著慢慢的請教盧信侯應允了次早分別盧信侯先到南京等候莊徵君進了彰儀門寓在護國寺徐侍郎即刻打發家人來候便親自來拜莊徵君會着徐侍郎

道先生途路辛苦莊徵君道山野鄙性不習車馬之勞兼之蒲柳之姿望秋先零長途不覺委頓所以不曾便來晉謁反勞大人先施徐侍郎道先生速爲料理恐三五日內就要召見這時是嘉靖三十五年十月初一日過了三日徐侍郎將內閣抄出聖旨送來上寫道十月初二日內閣奉上諭朕承祖宗鴻業寤寐求賢以資治道朕聞師臣者王古今通義也今禮部侍郎徐基所荐之莊尚志着于初六日入朝引見以光

大典欽此到了初六日五鼓羽林衛士擺列在午門外鹵簿全副設了用的傳臚的儀制各官都在午門外候着只見百十道火把的亮光知道宰相到了午門大開各官從掖門進去過了奉天門進到奉天殿裡面一片天樂之聲隱隱聽見鴻臚寺唱排班淨鞭響了三下內官一隊隊捧出金爐焚了龍涎香宮女們持了宮扇簇擁着天子陞了寶座一个个嵩呼舞蹈莊徵君戴了朝巾穿了公服跟在班末嵩呼舞蹈朝拜

了天子當下樂止朝散那二十四个駝寶瓶的象不牽自走眞是花迎劍佩星初落柳拂旌旗露未乾各官散了莊徵君囬到下處脫去衣服徜徉了一會只見徐侍郎來拜莊徵君便服出來會着茶罷徐侍郎問道今日皇上陞殿眞乃曠典先生要在寓靜坐恐怕不日又要召見過了三日又送了一个抄的上諭來莊尚志着于十一日便殿朝見特賜禁中乘馬欽此到了十一那日徐侍郎送了莊徵君到了午門徐侍郎

別過在朝房候着莊徵君獨自走進午門去只見兩个太監牵着一匹御用的馬請莊徵君上去騎着兩个太監跪着墜蹬候莊徵君坐穩了兩个太監籠着轡繩那扯手都是赭黃顏色慢慢的走過了乾清門到了宣政殿的門外莊徵君下了馬那殿門口又有兩个太監傳旨出來宣莊尚志進殿莊徵君屏息進去天子便服坐在寶座莊徵君上前朝拜了天子道朕在位三十五年幸托天地祖宗海宇昇平邊疆無事只

是百姓未盡溫飽士大夫亦未見能行禮樂這教養之事何者爲先所以特將先生起自田間望先生悉心爲朕籌畫不必有所隱諱莊徵君正要奏對不想頭頂心裏一點疼痛着寔難忍只得躬身奏道臣蒙皇上清問一時不能條奏容臣細思再爲啟奏天子道既如此也罷先生務須爲朕加意只要事事可行宜于古而不戾于今罷了說罷起駕回宮莊徵君出了勤政殿太監又籠了馬來一直送出午門徐侍郎接着

同出朝門徐侍郎別過去了莊徵君到了下處除下頭巾見裏面有一个蝎子莊徵君笑道臧倉小人原來就是此物看來我道不行了次日起來焚香盥手自己揲了一个蓍筮得天山遯莊徵君道是了便把教養的事細細做了十策又寫了一道懇求恩賜還山的本從通政司送了進去自此以後九卿六部的官無一个不來拜望請教莊徵君會的不耐煩只得各衙門去回拜大學士太保公向徐侍郎道南京來的莊

年兄皇上頗有大用之意老先生何不邀他來學生這裏走走我欲收之門墻以爲桃李侍郎不好唐突把這話婉婉向莊徵君說了莊徵君道世無孔子不當在弟子之列況太保公屢主禮闈翰苑門生不知多少何取晚生這一个野人這就不敢領教了侍郎就把這話回了太保太保不悅又過了幾天天子坐便殿問太保道莊尚志所上的十策朕細看學問淵深這人可用爲輔弼麽太保奏道莊尚志果係出羣之才

蒙皇上曠典殊恩朝野胥悅但不由進士出身驟躋卿貳我朝祖宗無此法度且開天下以倖進之心伏候聖裁天子嘆息了一回隨敎大學士傳旨莊尚志允令還山賜內帑銀五百兩將南京元武湖賜與莊尚志著書立說鼓吹休明傳出聖旨來莊徵君又到午門謝了恩辭別徐侍郎收拾行李囘南滿朝官員都來餞送莊徵君都辭了依舊叫了一輛車出彰儀門來那日天氣寒冷多走了幾里路投不着宿頭只得走

小路到一个人家去借宿那人家住着一間草房里面點着一盞燈一个六七十歲的老人家站在門首莊徵君上前和他作揖道老爹我是行路的錯過了宿頭要借老爹這里住一夜明早拜納房金那老爹道客官你行路的人誰家頂着房子走借住不妨只是我家只得一間屋夫妻兩口住着都有七十多歲不幸今早又把个老妻死了没錢買棺材現停在屋里客官却在那里住況你又有車子如何拿得進來莊徵

君道不妨我只須一席之地將就過一夜車子叫他在門外罷了那老爹道只等只有同我一床睡莊徵君道也好當下走進屋里見那老婦人屍首直殭殭停着傍邊一張土炕莊徵君鋪下行李叫小厮同車夫睡在車上讓那老爹睡在炕里邊莊徵君在炕外睡下番來覆去睡不着到三更半後只見那死屍漸漸動起來莊徵君赫了一跳定睛細看只見那手也動起來了竟有一个坐起來的意思莊徵君道這人活了

忙去推那老爹推了一會總不得醒莊徵君道
年高人怎的這樣好睡便坐起來看那老爹時
見他口里只有出的氣沒有進的氣已是死了
回頭看那老婦人已站起來了直着腿白瞪着
眼原來不是活是走了屍莊徵君慌了跑出門
來叫起車夫把車攔了門不放他出去莊徵君
獨自在門外徘徊心里懊悔道吉凶悔吝生乎
動我若坐在家裏不出來走這一番今日也不
得受這一塲虛驚又想道生死亦是常事我到

底義禮不深故此害怕定了神坐在車子上一直等到天色大亮那走的屍也倒了一間屋里只橫着兩个屍首莊徵君感傷這兩个老人家就窮苦到這个地步我雖則在此一宿我不殯葬他誰人殯葬因叫小厮車夫前去尋了一个市井莊徵君拏幾十兩銀子來買了棺木市上僱了些人抬到這里把兩人殮了又尋了一塊地也是左近人家的莊徵君拿出銀子去買買了看着掩埋了這兩个老人家掩埋已畢莊徵

君買了些牲醴紙錢又做了一篇文莊徵君洒淚祭奠了一市上的人都來羅拜在地下謝莊徵君莊徵君別了臺兒庄叫了一隻馬溜子船船上頗可看書不日來到揚州在鈔關住了一日要換江船回南京次早纔上了江船只見岸上有二十多乘齊整轎子歇在岸上都是兩淮總商來候莊徵君投進帖子來莊徵君因船中窄小先請了十位上船來內中幾位本家也有稱叔公的有稱尊兄的有稱老叔的作揖奉坐

那在坐第二位的就是蕭柏泉衆鹽商都說是皇上要重用台翁台翁不肯做官眞乃好品行蕭柏泉道晚生知道老先生的意思老先生抱負大才要從正途出身不屑這徵辟今日回來留待下科掄元皇上既然知道將來鼎甲可望莊徵君笑道徵辟大典怎麽說不屑若說掄元來科一定是長兄小弟堅卧烟霞靜聽好音蕭柏泉道在此還見見院道麽莊徵君道弟歸心甚急就要開船說罷這十位作别上去了又做

兩次會了那十幾位莊徵君甚不耐煩隨即是鹽院來拜鹽道來拜分司來拜揚州府來拜江都縣來拜把莊徵君鬧的急了送了各官上去叫作速開船當晚總商湊齊六百銀子到船上送盤纏那船已是去的遠了趕不着銀子拏了回去莊徵君遇着順風到了燕子磯自己歡喜道我今日復見江上佳麗了叫了一隻凉篷船載了行李一路蕩到漢西門叫人挑着行李步行到家拜了祖先與娘子相見笑道我說多則

三个月少則兩个月便回來今日如何我不說謊麽娘子也笑了當晚備酒洗塵次早起來纔洗了臉小厮進來稟道六合高大老爺來拜莊徵君出去會纔會了回來又是布政司來拜應天府來拜驛道來拜上江二縣來拜本城鄉紳來拜哄莊徵君穿了靴又脫脫了靴又穿莊徵君惱了向娘子道我好沒來由朝廷既把元武湖賜了我我爲甚麽住在這里和這些人纏我們作速搬到湖上去受用當下商議料理和娘

子連夜搬到元武湖去住這湖是極寬闊的地方和西湖也差不多大左邊臺城望見雞鳴寺那湖中菱藕蓮芡每年出幾千石湖內七十二隻打魚船南京滿城每早賣的都是這湖魚湖中間五座大洲四座洲貯了圖籍中間洲上一所大花園賜與莊徵君住有幾十間房子園裏合抱的老樹梅花桃李芭蕉桂菊四時不斷的花又有一園的竹子有數萬竿園內軒窻四啟看着湖光山色眞如仙境門口繫了一隻船要

往那邊在湖裏渡了過去若把這船收過那邊飛也飛不過來莊徵君就住在花園一日同娘子凴欄看水笑說道你看這些湖光山色都是我們的了我們日日可以遊玩不像杜少卿要把尊壺帶了清涼山去看花閑着無事又斟酌一樽酒把杜少卿做的詩說叫娘子坐在傍邊念與他聽念到有趣處吃一大杯彼此大笑莊徵君在湖中着實自在忽一日有人在那邊岸上叫船這裏放船去渡了過來莊徵君迎了出

去那人進來拜見便是盧信侯莊徵君大喜道
途間一別渴想到今今日怎的到這里盧信侯
道昨日在尊府今日我方到這里你原來在這
里做神仙令我羨殺莊徵君道此間與人世絕
遠雖非武陵亦差不多你且在此住些時只怕
再來就要迷路了當下備酒同飲吃到三更時
分小廝走進來慌忙說道中山王府里發了幾
百兵有千把枝火把把七十二隻魚船都拏了
渡過兵來把花園團團圍住莊徵君大驚又有

一个小厮進來道有一位總兵大老爺進廳上來了莊徵君走了出去那總兵見莊徵君施禮莊徵君道不知舍下有甚麼事那總兵道與尊府不相干使附耳低言道因盧信侯家藏高青邱文集乃是禁書被人告發京里說這人有武勇所以發兵來拏他今日尾着他在大老爺這里所以來要這个人不要使他知覺走了莊徵君道總爺找我罷了我明日叫他自已投監走了都在我那總兵聽見這話道大老爺說了有

甚麽說我便告辭莊徵君送他出門總兵號令一聲那些兵一齊渡過河去了盧信侯已聽見這事道我是硬漢難道肯走了帶累先生我明日自投監去莊徵君笑道你只去權坐幾天不到一个月包你出來逍遥自在盧信侯投監去了莊徵君悄悄寫了十幾封書子打發人進京去遍托朝裡大老從部里發出文書來把盧信侯放了反把那出首的人問了罪盧信侯謝了莊徵君又留在花園住下過兩日又有兩个人

在那邊叫渡船渡過湖來莊徵君迎出去是遲衡山杜少卿莊徵君歡喜道有趣正欲清談聞客至邀在湖亭上去坐遲衡山要所訂說泰伯祠的禮樂莊徵君留二位吃了一天的酒將泰伯祠所行的禮樂商訂的端端正正交與遲衡山拏去了轉眼過了年到二月半間遲衡山約同馬純上蘧駪夫季萑蕭金鉉金東崖在杜少卿河房里商議祭泰伯祠之事衆人道却是尋那一位做个主祭遲衡山道這所祭的是个

大聖人須得是个聖賢之徒來主祭方爲不愧如今必須尋這一个人衆人道是那一位遲衡山疊着指頭說出這个人來只因這一番有分教千流萬派同歸黃河之源玉振金聲盡入黃鍾之管畢竟此人是誰且聽下回分解

莊紹光是極有學問的人然却有幾分做作何以知其有學問如向盧信侯所說數語非讀書十年養氣十年必不能領畧至此此等學問書中惟有虞博士庶幾能之若杜少卿

尚見不及此是以莊紹光斷斷推爲書中之第二人何以知其有做作如見徐侍郎居然不以門生禮自處回復大學士其言似傲而實恭正如鴻門宴上樊噲噍讓項羽而羽不怒者以其以盟主推尊之也又如盧信侯被逮紹光作書致京師要人以解釋之此豈湖中高士之所爲余故曰却有幾分做作此作者以龍門妙筆旁見側出以寫之所謂嶺上白雲只自怡悅原不欲索解于天下後世矣

儒林外史第三十六回

常熟縣真儒降生　泰伯祠名賢主祭

話說應天蘇州府常熟縣有个鄉村叫做麟紱鎮鎮上有二百多人家都是務農爲業只有一位姓虞在成化年間讀書進了學做了三十年的老秀才只在這鎮上教書這鎮離城十五里虞秀才除應考之外從不到城里去走一遭後來直活到八十多歲就去世了他兒子不曾進過學也是教書爲業到了中年尚無子嗣夫婦

兩个到文昌帝君面前去求夢見文昌親手遞一紙條與他上寫着易經一句君子以果行育德當下就有了娠到十个月滿足生下這位虞博士來太翁去謝了文昌就把這新生的兒子取名育德字果行這虞博士三歲上就喪了母親太翁在人家教書就帶在館里六歲上替他開了蒙虞博士長到十歲鎮上有一位姓祁的祁太公包了虞太翁家去教兒子的書賓主甚是相得教了四年虞太翁得病去世了臨危把

虞博士托與祁太公此時虞博士年方十四歲祁太公道虞小相公比人家一切的孩子不同如今先生去世我就請他做先生教兒子的書當下寫了自已祁連的名帖到書房里來拜就帶着九歲的兒子來拜虞博士做先生虞博士自此總在祁家教書常熟是極出人文的地方此時有一位雲晴川先生古文詩詞天下第一虞博士到了十七八歲就隨着他學詩文祁太公道虞相公你是个寒士单學這些詩文無益須

要學兩件尋飯喫吃本事我少年時也知道地理也知道算命也知道選擇我而今都教了你留着以爲救急之用虞博士盡心聽受了祁太公又道你還該去買兩本考卷來讀一讀將來出去應考進个學館也好坐些虞博士聽信了祁太公果然買些考卷看了到二十四歲上出去應考就進了學次年二十里外楊家村一个姓楊的包了去教書每年三十兩銀子正月裡到館到十二月仍舊回祁家來過年又過了兩

年祁太公說尊翁在日當初替你定下的黃府上的親事而今也該娶了當時就把當年餘下十幾兩銀子館金又借了明年的十幾兩銀子的館金合起來就娶了親夫婦兩个仍舊借住在祁家滿月之後就去到館又做了兩年積趲了二三十兩銀子的館金在祁家傍邊尋了四間屋搬進去住只僱了一个小小厮虞博士到館去了這小小厮每早到三里路外鎮市上買些柴米油鹽小菜之類囬家與娘子度日娘子

生兒育女身子又多病館錢不能買醫藥每日只吃三頓白粥後來身子也漸漸好起來虞博士到三十二歲上這年沒有了館娘子道今年怎樣虞博士道不妨我自從出來坐館每年大約有三十兩銀子假使那年正月裡說定只得二十幾兩我心裡焦不足到了那四五月的時候少不得又添兩个學生或是來看文章有幾兩銀子補足了這个數假使那年正月多講得幾兩銀子我心裡歡喜道好了今年多些偏家

裡遇着事情出來把這幾兩銀子用完了可見
有个一定不必管他過了些時果然祁太公來
說遠村上有一个姓鄭的人家請他去看葬墳
虞博士帶了羅盤去用心用意的替他看了地
葬過了墳那鄭家謝了他十二兩銀子虞博士
叫了一隻小船回來那時正是三月半天氣兩
邊岸上有些桃花柳樹又吹着微微的順風虞
博士心裡舒暢又走到一个僻靜的所在一船
魚鷹在河裡捉魚虞博士伏着船窗子看忽見

那邊岍上一个人跳下河里來虞博士嚇了一跳忙叫船家把那人救了起來救上了船那人淋淋漓漓一身的水幸得天氣尚暖虞博士叫他脫了濕衣叫船家借一件乾衣裳與他換了請進船來坐着問他因甚尋這短見那人道小人就是這裡莊農人家替人家做着幾塊田收些稻都被田主斛的去了父親得病死在家裡竟不能有錢買口棺木我想我這樣人還活在世上做甚麽不如尋个死路虞博士道這是你

的孝心但也不是尋死的事我這里有十二兩銀子也是人送我的不能一總給你我還要留着做幾个月盤纏我而今送你四兩銀子你拿去和隣居親戚們說說自然大家相帮你去殯葬了你父親就罷了當下在行李裡拿出銀子秤了四兩遞與那人那人接着銀子拜謝道恩人尊姓大名虞博士道我姓虞在麟紱村住你作速料理你的事去不必只管講話了那人拜謝去了虞博士回家這年下半年又有了館到

冬底生了个兒子因這些事都在祁太公家做的因取名叫做感祁一連又做了五六年的館虞博士四十二歲這年鄉試祁太公來送他說道虞相公你今年想是要高中虞博士道這也怎見得祁太公道你做的事有許多陰德虞博士道老伯那里見得我有甚陰德祁太公道就如你替人葬墳眞心實意我又聽見人說你在路上救了那葬父親的人這都是陰德虞博士笑道陰隲就像耳朶裡響只是自己曉得別人

不曉得而今這事老伯已是知道了那里還是
陰德祁太公道到底是陰德你今年要中當下
來南京鄉試過回家虞博士受了些風寒就病
起來放榜那日報錄人到了鎮上祁太公便同
了來說道虞相公你中了虞博士病中聽見和
娘子商議拿幾件衣服當了托祁太公打發報
錄的人過幾日病好了到京去塡寫親供回來
親友東家都送些賀禮料理去上京會試不曾
中進士恰好常熟有一位大老康大人放了山

東巡撫便約了虞博士一同出京住在衙門裏
代做些詩文甚是相得衙門裡同事有一位姓
尤名滋字資深見虞博士文章品行就願拜爲
弟子和虞博士一房同住朝夕請教那時正直
天子求賢康大人也要想存一个人尤資深道
而今朝廷大典門生意思要求康大人薦了老
師去虞博士笑道這徵辟之事我也不敢當况
大人要荐人但憑大人的主意我們若去求他
這就不是品行了尤資深道老師就是不願等

他荐到皇上面前去老師或是見皇上或是不見皇上辭了官爵回來更見得老師的高處虞博士道你這話又說錯了我又求他荐我荐我到皇上面前我又辭了官不做這便求他荐不是真心辭官又不是真心這叫做甚麼說罷哈哈大笑在山東過了兩年多看看又進京會試又不曾中就上船回江南來依舊教館又過了三年虞博士五十歲了借了楊家一个姓嚴的管家跟着再進京去會試這科就中了進士殿

試在二甲朝廷要將他選做翰林那知這些進士也有五十歲的也有六十歲的履歷上多寫的不是實在年紀只有他寫的是實在年庚五十歲天子看見說道這虞育德年紀老了着他去做一个閑官罷當下就補了南京的國子監愽士虞愽士歡喜道南京好地方有山有水又和我家鄉相近我此番去把妻兒老小接在一處團圞着强如做个窮翰林當下就去辭別了房師座師和同鄉這幾位大老翰林院侍讀有

位王老先生托道老先生到南京去國子監有位貴門人姓武名書字正字這人事母至孝極有才情老先生到彼照顧照顧他虞博士應諾了收拾行李來南京到任打發門斗到常熟接家眷此時公子虞感祁已經十八歲了跟隨母親一同到南京虞博士去參見了國子監祭酒李大人回來陞堂坐公座監裡的門生紛紛來拜見虞博士看見帖子上有一个武書虞博士出去會着問道那一位是武年兄諱書的只見

人叢裡走出一个矮小人走過來答道門生便是武書虞博士道在京師久仰年兄克敦行孝又有大才從新同他見了禮請衆位坐下武書到老師文章山斗門生輩今日得沾化雨實爲僥倖虞博士道弟初到此間凡事俱望指教年兄在監幾年了武書道不瞞老師說門生少孤奉事母親在鄉下住隻身一人又無弟兄衣服飲食都是門生自已整理所有先母在日並不能讀書應考及不幸先母見背一切喪葬大事

都戲了天長杜少卿先生相助門生便隨着少卿學詩虞博士道杜少卿先生向日弟曾在尤滋深案頭見過他的詩集果是奇才少卿就在這里麼武書道他現住在利涉橋河房里虞博士道還有一位莊紹光先生天子賜他元武湖的他在湖中住着麼武書道他就住在湖裡他却輕易不會人虞博士道我明日就去求見他武書道門生並不會作八股文章因是後來窮之無奈求个館也沒得做沒奈何只得尋兩篇

念念也學做兩篇隨便去考就進了學後來這幾位宗師不知怎的看見門生這个名字就要取做一等第一補了廩門生那文章其實不好屢次考詩賦總是一等第一前次一位宗師合考入學門生又是入學的一等第一所以送進監裡來門生覺得自已時文到底不在行虞博士道我也不耐煩做時文武書道所以門生不拿時文來請教平日考的詩賦還有所作的古文易解以及各樣的雜說寫齊了來請教老師

虞博士道足見年兄才名令人心服若有詩賦
古文更好了容日細細捧讀令堂可曾旌表過
了麽武書道先母是合例的門生因家寒一切
衙門使費無出所以遲至今日門生實是有罪
虞博士道這个如何遲得便叫人取了筆硯來
說道年兄你便寫起一張呈子節畧來即傳書
辦到面前吩咐道這武相公老太太節孝的事
你作速辦妥了以便備文申詳上房使用都是
我這里出書辦應諾下去武書叩謝老師衆人

多替武書謝了辭別出去虞博士送了回來次日便往元武湖去拜莊徵君莊徵君不曾會虞博士便到河房去拜杜少卿杜少卿會着說起當初杜府殿元公在常熟過曾收虞博士的祖父爲門生殿元乃少卿曾祖所以少卿稱虞博士爲世叔彼此談了些往事虞博士又說起仰慕莊徵君今日無緣不曾會着杜少卿道他不知道小侄和他說去虞博士告別去了次日杜少卿走到元武湖尋着了莊徵君問道昨日虞

博士來拜先生怎麼不會他莊徵君笑道我因謝絕了這些冠蓋他雖是小官也頗和他相見杜少卿道這人大是不同不但無學博氣尤其無進士氣他襟懷沖淡上而伯夷柳下惠下而陶靖節一流人物你會見他便知莊徵君聽了便去回拜兩人一見如故虞博士愛莊徵君的恬適莊徵君愛虞博士的渾雅兩人結為性命之交又過了半年虞博士要替公子畢姻這公子所聘就是祁太公的孫女本是虞博士的弟

子後來連爲親家以報祁太公相愛之意祁府送了女兒到署完姻又賠了一个了頭來自此孺人纔得有使女聽用喜事已畢虞博士把這使女就配了姓嚴的管家管家拿進十兩銀子來交使女的身價虞博士道你也要備些床帳衣服這十兩銀子就算我與你的你拿去備辦罷嚴管家磕頭謝了下去轉眼新春二月虞博士去年到任後自己親手栽的一樹紅梅花今已開了幾枝虞博士歡喜叫家人備了一席酒

請了杜少卿來在梅花下坐說道少卿春光已

見幾分不知十里江梅如何光景幾時我和你

携罇去探望一囬杜少卿道小姪正有此意要

約老叔同莊紹光兄作竟日之遊說着又走進

兩个人來這兩人就在國子監門口住一个姓

儲叫做儲信一个姓伊叫做伊昭是積年相與

學博的虞博士見二人走了進來同他見禮讓

坐那二人不僭杜少卿的坐坐下擺上酒來吃

了兩杯儲信道荒春頭上老師該做个生日收

他幾分禮過春天伊昭道稟明過老師門生就
出单去傳虞博士道我生日是八月此時如何
做得伊昭道這个不妨二月做了八月可以又
做虞博士道豈有此理這就是笑話了二位且
請吃酒杜少卿也笑了虞博士道少卿有一句
話和你商議前日中山王府裡說他家有个烈
女託我作一篇碑文折了个杯緞裱禮銀八十
兩在此我轉托了你你把這銀子拿去作看花
買酒之資杜少卿道這文難道老叔不會作爲

甚轉託我虞博士笑道我那裡如你的才情你拏去做做因在袖裏拿出一个節畧來遞與杜少卿叫家人把那兩封銀子交與杜老爺家人帶去家人拏了銀子出來又禀道湯相公來了虞博士道請到這裡來坐家人把銀子遞與杜家小厮去進去了虞博士道這來的是我一个表侄我到南京的時候把幾間房子托他住着他所以來看看我說着湯相公走了進來作揖坐下說了一會閒話便說道表叔那房子我因

這半年沒有錢用是我折賣了虞博士道怪不得你今年沒有生意家裡也要吃用沒奈何賣了又老遠的路來告訴我做嗄湯相公道我拆了房子就沒處住所以來同表叔商量借些銀子去當幾間屋住虞博士又點頭道是了你賣了就沒處住我這里恰好還有三四十兩銀子明日與你拿去典幾間屋住也好湯相公就不言語了杜少卿吃完了酒告别了去那兩人還坐着虞博士進來陪他伊昭問道老師與杜少

卿是甚麼的相與虞博士道他是我們世交是个極有才情的伊昭道門生也不好說南京人都知道他本來是个有錢的人而今弄窮了在南京躲着專好扯謊騙錢他最没有品行虞博士道他有甚麼没品行伊昭道他時常同乃眷上酒館喫酒所以人都笑他虞博士道這正是他風流文雅處俗人怎麼得知儲信道這也罷了到是老師下次有甚麼有錢的詩文不要尋他做他是个不應考的人做出來的東西好也

有限恐怕懷了老師的名我們這監里有多少考的起來的朋友老師託他們做不不要錢又好處慱士正色道這到不然他的才名是人人知道的做出來的詩文人無有不服每常人在我這裡託他做詩我還沾他的光就如今日這銀子是一百兩我還留下二十兩給我表侄兩人不言語了辭別出去次早應天府送下一个監生來犯了賭慱來討收管門斗和衙役把那監生看守在門房裡進來稟過問老爺將他鎖

在那裡虞博士道你且請他進來那監生姓端
是個鄉裡人走進來兩眼垂淚雙膝跪下訴說
這些冤枉的事虞博士道我知道了當下把他
留在書房裡每日同他一卓吃飯又拿出行李
與他睡覺次日到府尹面前替他辦明白了這
些冤枉的事將那監生釋放那監生叩謝說道
門生雖粉身碎骨也難報老師的恩虞博士道
這有甚麼要緊你既然冤枉我原該替你辦白
那監生道辦白固然是老師的大恩只是門生

初來收管時心中疑惑不知老師怎樣處置門斗怎樣要錢把門生關到甚麼地方受罪怎想老師把門生待作上客門生不是來收管竟是來享了兩日的福這个恩典叫門生怎麼感激的盡虞博士道你打了這些日子的官事作速回家看看罷不必多講閑話那監生辭別去了又過了幾日門上傳進一副大紅連名全帖上寫道晚生遲均馬靜季萑蘧來旬門生武書余夔世侄杜儀同頓首拜虞博士看了道這是甚

麽緣故慌忙出去會這些人只因這一番有分教先聖祠內共觀大禮之光國子監中同仰斯文之主畢竟這幾个人來做甚麽且聽下回分解

此篇純用正筆直筆不用一旁筆曲筆是以文字無附挍淩駕處然細想此篇最難措筆虞博士是書中第一人純正無疵如太羹元酒雖有易牙無從施其烹飪之巧故古人云畫鬼易畫人物難

蓋人物乃人所共見不容絲毫假借于其間非如鬼怪可以任意增減也嘗謂太史公一生好奇如程嬰立趙孤諸事不知見自何書極力點綴句句欲活及作夏本紀亦不得不恭恭敬敬將尚書録入非子長之才長于寫秦漢短于寫三代正是其量體裁衣相題立格有不得不如此者耳

儒林外史第三十七回

祭先聖南京修禮　送孝子西蜀尋親

話說虞博士出來會了這幾個人大家見禮坐下遲衡山道晚生們今日特來泰伯祠大祭商議主祭之人公中說祭的是大聖人必要个賢者主祭方為不愧所以特來公請老先生虞博士道先生這个議論我怎麼敢當只是禮樂大事自然也願觀光請問定在幾時遲衡山道四月初一日先一日就請老先生到來祠中齋戒

一宿以便行禮虞博士應諾了拿茶與衆位喫喫過衆人辭了出來一齊到杜少卿河房裏坐下遲衡山道我們司事的人只怕還不足杜少卿道恰好敝縣來了一个敝友便請出臧荼與衆位相見一齊作了揖遲衡山道將來大祭也要借先生的光臧蓼齋道願觀盛典説罷作别去了到三月二十九日遲衡山約齊杜儀馬靜季萑金東崖盧華士辛東之蘧來旬余夔盧德虞感祁諸葛祐景本蕙郭鐵筆蕭鼎儲伊昭季

恬逸金寓劉宗姬武書臧荼一齊出了南門隨
即莊尚志也到了衆人看那泰伯祠時幾十層
高坡上去一座大門左邊是省牲之所大門過
去一个大天井又幾十層高坡上去三座門進
去一座丹墀左右兩廊奉着從祀歷代先賢神
位中間是五間大殿殿上泰伯神位面前供桌
香爐燭臺殿後又一个丹墀五間大樓左右兩
傍一邊三間書房衆人進了大門見高懸着金
字一匾泰伯之祠從二門進東角門走循着東

廊一路走過大殿抬頭看樓上懸着金字一匾
習禮樓三个大字衆人在東邊書房內坐了一
會遲衡山同馬靜武書蘧來旬開了樓門同上
樓去將樂器搬下樓來堂上的擺在堂上堂下
的擺在堂下堂上安了祝版香案傍樹了麾堂
下樹了庭燎二門傍擺了盥盆盥帨金次福鮑
廷璽兩人領了一班司球的司琴的司瑟的司
管的司鼗鼓的司柷的司敔的司笙的司鏞的
司簫的司編鐘的司編磬的和六六三十六个

佾舞的孩子進來見了衆人遲衡山把籥翟交與這些孩子下午時分虞博士到了莊紹光遲衡山馬純上杜少卿迎了進來吃過了茶換了公服四位迎到省牲所去省了牲衆人都在兩邊書房裏齋宿次日五鼓把祠門大開了衆人起來堂上堂下門裏門外兩廊都點了燈燭庭燎也點起來遲衡山先請主祭的博士虞老先生亞獻的徵君莊老先生請到三獻的衆人推讓說道不是遲先生就是杜先生遲衡山道我

兩人要做引贊馬先生係浙江人請馬純上先生三獻馬二先生再三不敢當衆人扶住了馬二先生同二位老先生一處遲衡山杜少卿先引這三位老先生出去到省牲所拱立遲衡山杜少卿回來請金東崖先生大贊請武書先生司麾請臧荼先生司祝請季萑先生辛東之先生余夔先生司尊請蘧來旬先生盧德先生虞感祁先生司玉請諸葛祐先生景本蕙先生郭鐵筆先生司帛請蕭鼎先生儲信先生伊昭先

生司稷請季恬逸先生金寓劉先生宗姬先生司饌請完命盧華士跟着大贊金東崖先生將諸位一齊請出二門外當下祭鼓發了三通金次福鮑廷璽兩人領着一班司球的司琴的司瑟的司管的司鼗鼓的司柷的司敔的司笙的司鏞的司簫的司編鐘的司編磬的和六六三十六个佾舞的孩子都立在堂上堂下金東崖先進來到堂上盧華士跟着金東崖站定贊道執事者各司其事這些司樂的都將樂器拿在

于襄金東崖贊排班司麾的武書引着司尊的
季萑辛東之余夔司玉的蘧來旬盧德虞感祁
司帛的諸葛祐景本蕙郭鐵筆入了位立在丹
墀東邊引司祝的臧荼上殿立在祝版跟前引
司稷的蕭鼎儲信伊昭司饌的季恬逸金寓劉
宗姬入了位立在丹墀西邊武書捧了麾也立
在西邊衆人下金東崖贊奏樂堂上堂下樂聲
俱起金東崖贊迎神遲均杜儀各捧香燭向門
外躬身迎接金東崖贊樂止堂上堂下一齊止

了金東崖贊分獻者就位遲均杜儀出去引莊徵君馬純上進來立在丹墀裏拜位左邊金東崖贊主祭者就位遲均杜儀出去引虞博士上來立在丹墀裏拜位中間遲均杜儀一左一右立在丹墀裏香案傍遲均贊盥洗同杜儀引主祭者盥洗了上來遲均贊主祭者詣香案前香案上一个沈香筒裏邊插着許多紅旂杜儀抽一枝紅旂在手上有奏樂二字虞博士走上香案前遲均贊道跪升香灌地拜興拜興拜興拜

興復位杜儀又抽出一枝旂來樂止金東崖贊
奏樂神之樂金次福領着堂上的樂工奏起樂
來奏了一會樂止金東崖贊行初獻禮盧華士
在殿裏抱出一个牌子來上寫初獻二字遲均
杜儀引着主祭的虞博士武書持麾在遲均前
走三人從丹墀東邊走引司尊的季萑司玉的
蘧來旬司帛的諸葛祐一路同走引着主祭的
從上面走走過西邊引司稷的蕭鼎司饌的季
恬逸引着主祭的從兩邊下來在香案前轉過

東邊上去進到大殿遲均杜儀立于香案左右
季萑捧着尊遽來旬捧着玉諸葛祐捧着帛立
在左邊蕭鼎捧着稷季恬逸捧着饌立在右邊
遲均贊就位跪虞博士跪于香案前遲均贊獻
酒季萑跪着遞與虞博士獻上去遲均贊獻玉
遽來旬跪着遞與虞博士獻上去遲均贊獻帛
諸葛祐跪着遞與虞博士獻上去遲均贊獻稷
蕭鼎跪着遞與虞博士獻上去遲均贊獻饌季
恬逸跪着遞與虞博士獻上去獻畢執事者退

了下來遲均贊拜興拜興拜興拜興金東崖贊
一奏至德之章舞至德之容堂上樂細細奏了
起來那三十六个孩子手持籥翟齊上來舞樂
舞已畢金東崖贊堦下與祭者皆跪讀祝文臧
荼跪在祝板前將祝文讀了金東崖贊退班遲
均贊平身復位武書遲均杜儀季萑蘧來旬諸
葛祐蕭鼎季恬逸引着主祭的虞博士從西邊
一路走了下來虞博士復歸主位執事的都復
了原位金東崖贊行亞獻禮盧華士又走進殿

裏去抱出一個牌子來上寫亞獻二字遲均杜
儀引着亞獻的莊徵君到香案前遲均贊盥洗
同杜儀引着莊徵君盥洗了回來武書持麾在
遲均前走三人從丹墀東邊走引司尊的辛東
之司玉的盧德司帛的景本蕙一路同走引着
亞獻的從上面走走過西邊引司稷的儲信司
饌的金寓劉引着亞獻的又從西邊下來在香
案前轉過東邊上去進到大殿遲均杜儀立於
香案左右辛東之捧着尊盧德捧着玉景本蕙

捧着帛立在左邊儲信捧着稷金寓劉捧着饌
立在右邊遲均贊執位跪莊徵君跪于香案前
遲均贊獻酒辛東之跪着遞與莊徵君獻上去
遲均贊獻玉盧德跪着遞與莊徵君獻上去遲
均贊獻帛景本蕙跪着遞與莊徵君獻上去遲
均贊獻稷儲信跪着遞與莊徵君獻上去遲均贊
獻饌金寓劉跪着遞與莊徵君獻上去各獻畢
執事者退了下來遲均贊拜興拜興拜興拜興
金東崖贊亞獻至德之章舞至德之容堂上樂

細細奏了起來那三十六個孩子手持籥翟齊上來舞樂舞已畢金東崖贊退班遲均贊平身復位武書遲均杜儀辛東之盧德景本蕙儲信金寓劉引着亞獻的莊徵君從西邊一路走了下來莊徵君復歸了亞獻位執事的都復了原位金東崖贊行終獻禮盧華士又走進殿裏去抱出一個牌子上寫終獻二字遲均杜儀引着終獻的馬二先生到香案前遲均贊盥洗同杜儀引着馬二先生盥洗了回來武書持麾在遲

均前走三人從丹墀東邊走引司尊的余夔司玉的虞感祁司帛的郭鐵筆一路同走引着終獻的從上面走走過西邊引司稷的伊照司饌的宗姬引着終獻的又從西邊下來在香案前轉過東邊上去進到大殿遲均杜儀立于香案左右余夔捧着尊虞感祁捧着玉郭鐵筆捧着帛立在左邊伊照捧着稷宗姬捧着饌立在右邊遲均贊就位跪馬二先生跪於香案前遲均贊獻酒余夔跪着遞與馬二先生獻上去遲均

贊獻玉虞感祁跪着遞與馬二先生獻上去遲
均贊獻帛郭鐵筆遞與馬二先生獻上去遲均
贊獻稷伊昭跪著遞與馬二先生獻上去遲均
贊獻饌宗姬跪着遞與馬二先生獻上去獻爵
執事者退了下來遲均贊拜興拜興拜興拜興
金東崖贊三奏至德之章舞至德之容堂上樂
細細奏了起來那三十六个孩子手持籥翟齊
上來舞樂舞已畢金東崖贊退班遲均贊平身
復位武書遲均杜儀余夔虞感祁郭鐵筆伊昭

宗姬引着終獻的馬二先生從西邊一路走了下來馬二先生復歸了終獻位執事的都復了原位金東崖贊行侑食之禮遲均的杜儀又從主祭位上引虞博士從東邊上來香案前跪下金東崖贊奏樂堂上堂下樂聲一齊大作樂止遲均贊拜興拜興拜興拜興平身金東崖贊退班遲均杜儀引虞博士從西邊走下去復了主祭的位遲均杜儀也復了引贊的位金東崖贊撤饌杜儀捧出一枝紅旂來上有金奏二字當下

樂聲又一齊大作起來遲均杜儀從主位上引上引了虞博士奏着樂從東邊走上殿去香案前跪下遲均贊拜興拜興拜興拜興平身金東崖贊退班遲均杜儀引虞博士從西邊走下去復了主祭的位遲均杜儀也復了引贊的位杜儀又抽出一枝紅旂來止樂金東崖贊飲福受胙遲均杜儀引主祭的虞博士亞獻的莊徵君終獻的馬二先生都跪在香案前飲了福酒受了胙肉金東崖贊退班三人退下去了金東崖

贊焚帛司帛的諸葛祐景本蕙郭鐵筆一齊焚了帛金東崖贊禮畢衆人撤去了祭器樂器換去了公服齊往後面樓下來金次福鮑廷璽帶着堂上堂下的樂工和佾舞的三十六个孩子都到後面兩邊書房裏來這一回大祭主祭的虞博士亞獻的莊徵君終獻的馬二先生共三位大贊的金東崖司祝的臧荼盧華士共三位引贊的遲均杜儀共二位司麾的武書一位司尊的季萑辛東之余夔共三位司玉的蘧來旬

盧德虞感祁共三位司帛的諸葛佑景本蕙郭鐵筆共三位司稷的蕭鼎儲信伊照共三位司饌的季恬逸金寓劉宗姬共三位金次福鮑廷璽二人領着司求的一人司琴的一人司瑟的一人司管的一人司鼗鼓的一人司柷的一人司敔的一人司笙的一人司鏞的一人司簫的一人司編鐘的司編磬的二人和佾舞的孩子共是三十六人通共七十六人當下厨役開剝了一條牛四副羊和祭品的餚饌菜蔬都整治

起來共備了十六席樓底下擺了八席二十四位同坐兩邊書房擺了八席款待衆人吃了半日的酒虞博士上轎先進城去這裏衆位也有坐轎的也有走的見兩邊百姓扶老攜幼挨擠着來看歡聲雷動馬二先生笑問你們這是爲甚麼事衆人都道我們生長在南京也有活了七八十歲的從不曾看見這樣的禮體聽見這樣的吹打老年人都說這位主祭的老爺是一位神聖臨凡所以都爭着出來看衆人都歡喜

一壽進城去了又過了幾日季葦蕭鼎辛東之金寓劉來辭了虞博士回楊州去了馬純上同蘧駪夫到河房裏來辭杜少卿要回浙江二人走進河房見杜少卿臧荼又和一个人坐在那里蘧駪夫一見就嚇了一跳心裏想道這人便是在我婁表叔家弄假人頭的張鐵臂他如何也在此彼此作了揖張鐵臂見蘧駪夫也不好意思臉上出神吃了茶說了一會辭别的話馬純上蘧駪夫辭了出來杜少卿送出大門蘧駪

夫問道這姓張的世兄因如何和他相與杜少卿道他叫做張俊民他在敝縣天長住蘧駪夫笑着把他本來叫做張鉄臂在浙江做的這些事畧說了幾句說道這人是相與不得的少卿須要留神杜少卿道我知道了兩人別過自去杜少卿回河房來問張俊民道俊老你當初曾叫做張鉄臂麽張鉄臂紅了臉道是小時有這个名字別的事含糊說不出來杜少卿也不再問了張鉄臂見人看破了相也存身不住過幾

日拉着臧蓼齋回天長去了蕭金鉉三个人欠了店賬和酒飯錢不得回去來尋杜少卿耽帶杜少卿替他三人賠了幾兩銀子三人也各回家去了宗先生要回湖廣去拿行樂來求杜少卿題杜少卿當面題罷送別了去恰好遇着武書走了來杜少卿道正字兄許久不見這些時在那里武書道前日監裏六堂合考小弟又是一等第一杜少卿道這也有趣的緊武書道倒不說有趣內中弄出一件奇事來杜少卿道甚

麼奇事武書道這一回朝廷奉旨要甄別在監讀書的人所以六堂合考那日上頭吩咐下來解懷脫腳認真搜檢就和鄉試場一樣考的是兩篇四書一篇經文有个習春秋的朋友竟帶了一篇刻的經文進去他帶了也罷上去告出恭就把這經文夾在卷子裏送上堂去天幸遇着虞老師值場大人裏面也有人同虞老師巡視虞老師揭卷子看見這文章忙拿了藏在靴桶裏巡視的人問是甚麼東西虞老師說不相

等那人出恭回來悄悄遞與他你拿去寫但是你方才上堂不該夾在卷子裏拿上來幸得是我看見若是別人看見怎了那人嚇了个臭死發案考在二等走來謝虞老師虞老師推不認得說並沒有這句話你想是昨日錯認了並不是我那日小弟恰好在那里謝考親眼看見那人去了我問虞老師這事老師怎的不肯認難道他還是不該來謝的虞老師道讀書人全要養其廉耻他沒奈何來謝我我若再認這話

他就無容身之地了小弟却認不的這位朋友彼時問他姓名虞老師也不肯說先生你說這一件奇事可是難得杜少卿道這也是老人家常有的事武書道還有一件事更可笑的緊他家世兄賠嫁來的一个了頭他就配了姓嚴的管家了那奴才看見衙門清淡沒有錢尋前日就辭了要去虞老師從前並不曾要他一个錢白白把了頭配了他他而今要領了頭出去要是別人就要問他要了頭身價不知要多少虞

老師聽了這話說道你兩口子出去也好只是出去房錢飯錢都沒有又給了他十兩銀子打發出去隨即把他荐在一个知縣衙門裏做長隨你說好笑不好笑杜少卿道這些做奴才的有甚麼良心但老人家兩次賞他銀子並不是有心要人說好所以難得當下留武書吃飯武書辭了出去纔走到利涉橋遇見一个人頭戴方巾身穿舊布直裰腰繫絲縧脚下芒鞋身上揹着行李花白鬍鬚憔悴枯槁那人丟下行李

向武書作揖武書驚道郭先生自江寧鎮一别又是三年一向在那里奔走那人道一言難盡武書道請在茶館裏坐當下兩人到茶館裏坐下那人道我一向因尋父親走徧天下從前有人說是在江南所以我到江南這番是三次了而今聽見人說不在江南已到四川山裏削髮爲僧去了我如今就要到四川去武書道可憐可憐但先生此去萬里程途非同容易我想西安府裏有一个知縣姓尤是我們國子監虞老

先生的同年如今托虞老師寫一封書子去是
先生順路倘若盤纏缺少也可以帮助些須那
人道我草野之人我那里去見那國子監的官
府武書道不妨這裏過去幾步就是杜少卿家
先生同我到少卿家坐着我去討這一封書那
人道杜少卿可是那天長不應徵辟的豪傑麼
武書道正是那人道這人我到要會他便會了
茶錢同出了茶館一齊來到杜少卿家杜少卿
出來相見作揖問這位先生尊姓武書道這位

先生姓郭名力字鐵山二十年走遍天下尋訪
父親有名的郭孝子杜少卿聽了這話從新見
禮奉郭孝子上坐便問太老先生如何數十年
不知消息郭孝子不好說武書附耳低言說曾
在江西做官降過寧王所以逃竄在外杜少卿
聽罷駭然因見這般舉動心裏敬他說罷留下
行李先生權在我家住一宿明日再行郭孝子
道少卿先生豪傑天下共聞我也不做客套竟
住一宵罷杜少卿進去和娘子說替郭孝子漿

洗衣服治辦酒肴款待他出來陪着郭孝子武
書說起要問虞博士要書子的話來杜少卿道
這个容易郭先生在我這里坐着我和正字去
要書子去只因這一番有分教用勞用力不辭
虎窟之中遠水遠山又入蠶叢之境畢竟後事
如何且聽下回分解

此篇古趣磅礴竟如出自叔孫通曹褒之手
覺集賢學士蕭蒿輩極力爲之不過如此堂
哉皇哉僕其韡而

內中司事的人一一皆閱者之所爛熟布局之妙莫與京矣

本書至此卷是一大結束名之曰儒林蓋為文人學士而言篇中之文人學士不為少矣前乎此如鶯脰湖一會是一小結束西湖上詩會是又一小結束至此如云亭梁甫而後臻于泰山譬之作樂蓋八音繁會之時以後則慢聲變調而已

儒林外史第三十七回

儒林外史第三十八回

郭孝子深山遇虎　甘露僧狹路逢讐

話說杜少卿留郭孝子在河房裏吃酒飯自己同武書到虞博士署內說如此這樣一个人求老師一封書子去到西安虞博士細細聽了說道這書我怎麽不寫但也不是只寫書子的事他這萬里長途自然盤費也難我這裏拿拾兩銀子少卿你去送與他不必說是我的慌忙寫了書子和銀子拿出來交與杜少卿杜少卿接

了同武書拿到河房裏杜少卿自己尋衣服當了四兩銀子武書也到家去當了二兩銀子來又苦留郭孝子住了一日莊徵君聽得有這个人也寫了一封書子四兩銀子送來與杜少卿第三日杜少卿備早飯與郭孝子吃武書也來陪着吃罷替他拴束了行李拿着這二十兩銀子和兩封書子遞與郭孝子郭孝子不肯受杜少卿道這銀子是我們江南這幾个人的並非盜跖之物先生如何不受郭孝子方才受了吃

飽了飯作辭出門杜少卿同武書送到漢西門外方才回去郭孝子曉行夜宿一路來到陝西那尤公是同官縣知縣只得迂道往同官去會他這尤公名扶徠字瑞亭也是南京的一位老名士去年纔到同官縣一到任之時就做了一件好事是廣東一个人充發到陝西邊上來帶着妻子是箇妻不想這人半路死了妻子在路上哭哭啼啼人和他說話彼此都不明白只得把他領到縣堂上來尤公看那婦人是要回故

鄉的意思心裏不忍便取了俸金五十兩差一个老年的差人自已取一塊白綾苦苦切切做了一篇文親筆寫了自已的名字尤扶徠用了一顆同官縣的印吩咐差人你領了這婦人拿我這一幅綾子遇州遇縣送與他地方官看求都要用一个印信你直到他本地方討了回信來見我差人應諾了那婦人叩謝領着去了將近一年差人回來說一路各位老爺看見老爺的文章一个个都悲傷這婦人也有十兩的也

有八兩的六兩的這婦人到家也有二百多銀子小的送他到廣東家裏他家親戚本家有百十人都望空謝了老爺的恩典又都磕小的的頭呌小的是菩薩這个小的都是沾老爺的恩尤公歡喜又賞了他幾兩銀子打發差人出去了門上傳進帖來便是郭孝子拿着虞博士的書子進來拜尤公拆開書子看了這些話着實欽敬當下請進來行裏坐下即刻擺出飯來正談着門上傳進來請老爺下鄉相驗尤公道先

生這公事我就要去的後日纔得回來但要屈留先生三日等我回來有幾句話請教況先生此去往成都我有个故人在成都也要帶封書子去先生萬不可推辭郭孝子道老先生如此說怎好推辭只是賤性山野不能在衙門裏住貴治若有甚麼菴堂送我去住兩天罷尤公道菴雖有也窄我這裏有个海月禪林那和尚是个善知識送先生到那里去住罷便吩咐衙役把郭老爺的行李搬着送在海月禪林你拜上

和尚說是我送來的衙役應諾伺候郭孝子別
了尤公直送到大門外方才進去郭孝子同衙
役到海月禪林客堂裏知客進去說了老和尚
出來打了問訊請坐奉茶那衙役自回去了郭
孝子問老和尚可是一向在這裏方丈的麼老
和尚道貧僧當年住在南京太平府蕪湖縣甘
露菴裏的後在京師報國寺做方丈因厭京師
熱鬧所以到這裏居住尊姓是郭如今却往威
都是做甚麼事郭孝子見老和尚清臞面貌顏

色慈悲說道這話不好對別人說在老和尚面前不妨講的就把要尋父親這些話告說了一番老和尚流淚嘆息就留在方丈裏住備出晚齋來郭孝子將路上買的兩个梨送與老和尚受下謝了郭孝子便叫火工道人抬兩隻缸在丹墀里一口缸內放着一个梨每缸挑上幾担水拿杵子把梨搗碎了擊雲板傳齊了二百多僧衆一人吃一碗水郭孝子見了點頭嘆息到第三日尤公回來又備了一席酒請郭孝子吃

過酒拿出伍十兩銀子一封書來說道先生我本該留你住些時因你這尋父親大事不敢相留這五十兩銀子權為盤費先生到成都拿我這封書子去尋蕭昊軒先生這是一位古道人他家離成都二十里住地名叫做東山先生去尋着他凡事可以商議郭孝子見尤公的意思十分懇切不好再辭只得謝過收了銀子和書子辭了出來到海月禪林辭別老和尚要走老和尚合掌道居士到成都尋着了尊大人是必

寄個信與貧僧免的貧僧懸望郭孝子應諾老和尚送出禪林方才回去郭孝子自肩着行李又走了幾天這路多是崎嶇鳥道郭孝子走一步怕一步那日走到一个地方天色將晚望不着一个村落那郭孝子走了一會遇着一个人郭孝子作揖問道請問老爺這裏到宿店所在還有多少路那人道還有十幾里客人你要着急些走夜晚路上有虎須要小心郭孝子聽了急急往前奔着走天色全黑却喜山凹里推出

一輪月亮來那正是十四五的月色升到天上便十分明亮郭孝子乘月色走走進一个樹林中只見劈面起來一陣狂風把那樹上落葉吹得奇颼颼的響風過處跳出一隻老虎來郭孝子叫聲不好了一交跌倒在地老虎把孝子抓了坐在屁股底下坐了一會見郭孝子閉着眼只道是已經死了便丟了郭孝子去地下挖了一个坑把郭孝子提了放在坑里把爪子撥了許多落葉蓋住了他那老虎便去了郭孝子在

坑里偷眼看老虎走過幾里那到山頂上還把
兩隻通紅的眼睛轉過身來望看見這裏不動
方才一直去了郭孝子從坑里扒了上來自心
裏想道這業障雖然去了必定是還要回來吃
我如何了得一時沒有主意見一顆大樹在眼
前郭孝子扒上樹去又心里焦他再來咆哮震
動我可不要嚇了下來心生一計將裹腳解了
下來自己縛在樹上等到三更盡後月色分外
光明只見老虎前走後面又帶了一个東西來

那東西渾身雪白頭上一隻角兩隻眼就像兩盞大紅燈籠直着身子走來郭孝子認不得是个甚麽東西只見那東西走近跟前便坐下了老虎忙到坑里去尋人見沒有了人老虎慌做一堆兒那東西大怒伸過爪來一掌就把虎頭打掉了老虎死在地下那東西抖擻身上的毛發起威來回頭一望望見月亮地下照着樹枝頭上有个人就狠命的往樹枝上一撲撲冒失了跌了下來又盡力往上一扑離郭孝子只得

一尺遠郭孝子道我今番却休了不想那樹上一根枯幹恰好對着那東西的肚皮上後來的這一撲力太猛了這枯幹戳進肚皮有一尺多深淺那東西急了這枯幹越搖越戳的深進去那東西使盡力氣急了半夜掛在樹上死了到天明時候有幾个獵户手裏拿着鳥鎗叉棍來看見這兩个東西嚇了一跳郭孝子在樹上叫喊衆獵户接了孝子下來問他姓名郭孝子道我是過路的人天可憐見得保全了性命我要

趕路去了這兩件東西你們拿到地方去請賞罷衆獵户拿出些乾粮來和獐子鹿肉讓郭孝子吃了一飽衆獵户替郭孝子拿了行李送了五六里路衆獵户辭别回去郭孝子自己背了行李又走了幾天路程在山凹裏一个小菴裏借住那菴裡和尚問明來歷就拿出素飯來同郭孝子在窗子跟前坐着吃正吃着中間只見一片紅光就如失了火的一般郭孝子慌忙丢了飯碗道不好火起了老和尚笑道居士請坐

不要慌這是我雪道兒到了吃完了飯收過碗盞去推開窗子指與郭孝子道居士你看麼郭孝子舉眼一看只見前面山上蹲着一个異獸頭上一隻角只有一隻眼睛却生在耳後那異獸名爲羆九任你堅冰凍厚幾尺一聲響亮叫他登時粉碎和尚道這便是雪道兒了當夜紛紛揚揚落下一場大雪來那雪下了一夜一天積了有三尺多厚郭孝子走不的又住了一日到第三日雪晴郭孝子辭別了老和尚又行找

著山路一步一滑兩邊都是澗壍那氷凍的支稜著就和刀劍一般郭孝子走的慢天又晚了雪光中照着遠遠望見樹林裏一件紅東西掛着半里路前只見一个人走走到那東西面前一交跌下澗去郭孝子就立住了脚心裏疑惑道怎的這人看見這紅東西就跌下澗去定睛細看只見那紅東西底下鑽出一个人把那人行李拏了又鑽了下去郭孝子心裏猜着了幾分便急走上前去看只見那樹上吊的是个女

人披散了頭髮身上穿了一件紅衫子嘴跟前一片大紅猩猩毡做个舌頭拖着脚底下埋着一个缸缸里頭坐着一个人那人見郭孝子走到跟前從缸里跳上來因見郭孝子生的雄偉不敢下手便叉手向前道客人你自走你的路罷了管我怎的郭孝子道你這些做法我已知道了你不要惱我可以帮襯你這縊吊死鬼的是你甚麼人那人道是小人的渾家郭孝子道你且將他解下來你家在那里住我到你家去

和你說那人把渾家腦後一个轉珠繩子解了
放了下來那婦人把頭髮綰起來嘴跟前拴的
假舌頭去掉了頸子上有一塊拴繩子的鉄也
拏下來把紅衫子也脫了那人指着路旁有兩
間草屋道這就是我家了當下夫妻二人跟着
郭孝子走到他家請郭孝子坐着烹出一壺茶
郭孝子道你不過短路營生爲甚麼做這許多
惡事嚇殺了人的性命這个却傷天理我雖是
苦人看見你夫妻兩人到這个田地越發可憐

的狠了我有十兩銀子在此把與你夫妻兩人你做个小生意度日下次不要做這事了你姓甚麼那人聽了這話向郭孝子磕頭說道謝客人的周濟小人姓木名耐夫妻兩个原也是好人家兒女近來因是凍餓不過所以纔做這樣的事而今多謝客人與我本錢從此就改過了請問恩人尊姓郭孝子道我姓郭湖廣人而今到成都府去的說着他妻子也出來拜謝收拾飯留郭孝子郭孝子吃着飯向他說道你既有

胆子攔路你自然還有些武藝只怕你武藝不
高將來做不得大事我有些刀法拳法傳授與
你那木耐歡喜一連留郭孝子住了兩日郭孝
子把這刀和拳細細指教他他就拜了郭孝子
做師父第三日郭孝子堅意要行他備了些乾
粮燒肉裝在行李裏替郭孝子背着行李直送
到三十里外方才告辭回去郭孝子接着行李
又走了幾天那日天氣甚冷迎着西北風那山
路凍得像白蠟一般又硬又滑郭孝子走到天

晚只聽得山洞裏大吼一聲又跳出一隻老虎來郭孝子道我今番命真絕了一交跌在地下不醒人事原來老虎吃人要等人怕的今見郭孝子直殭殭在地下竟不敢吃他把嘴合着他臉上來聞一莖鬍子戳在郭孝子鼻孔裡去戳出一个大噴嚏來那老虎到嚇了一跳連忙轉身幾跳跳過前面一座山頭跌在一个澗溝裏那澗極深被那稜撐像刀劍的冰凌横攔着竟凍死了郭孝子扒起來老虎已是不見說道慚

愧我又經了這一番背着行李再走走到成都府找着父親在四十里外一个菴裏做和尚訪知的了走到菴裏去敲門老和尚開門見是兒子就嚇了一跳郭孝子見是父親跪在地下慟哭老和尚道施主請起來我是沒有兒子的你想是認錯了郭孝子道兒子萬里程途尋到父親跟前來父親怎麼不認我老和尚道我方纔說過貧僧是沒有兒子的施主你有父親你自已去尋怎的望着貧僧哭郭孝子道父親雖則

幾十年不見難道兒子就認不得了跪着不肯起來老和尚道我貧僧自小出家那里來的這个兒子郭孝子放聲大哭道父親不認兒子兒子到底是要認父親的三番五次纏的老和尚急了說道你是何處光棍敢來鬧我們快出去我要關山門郭孝子跪在地下慟哭不肯出去和尚道你再不出去我就拿刀來殺了你郭孝子伏在地下哭道父親就殺了兒子兒子也是不出去的老和尚大怒雙手把郭孝子拉起來

提着郭孝子的領子一路推搡出門便關了門進去再也叫不應郭孝子在門外哭了一場又哭一場又不敢敲門見天色將晚自己想道罷罷父親料想不肯認我了抬頭看了這菴叫做竹山菴只得在半里路外租了一間房屋住下次早在菴門口看見一个道人出來買通了這道人日日搬柴運米養活父親不到半年之上身邊這些銀子用完了思量要到山東去尋蕭昊軒又恐怕尋不着躭閣了父親的飯食只得

左近人家傭工替人家挑土打柴每日尋几分銀子養活父親遇着有个鄰居露宿西去他就把這尋父親的話細細寫了一封書帶與海月禪林的老和尚老和尚看了書又歡喜又欽敬他不多幾日禪林裏來了一个掛单的和尚那和尚便是响馬賊頭趙大披着頭髮兩隻怪眼兇像未改老和尚慈悲容他住下不想這惡和尚在禪林吃酒行兇打人無所不為首坐領着一班和尚來禀老和尚道這人留在禪林裏是

必要壞了清規求老和尚赶他出去老和尚教他去他不肯去後來首座叫知客向他說老和尚叫你去你不去老和尚說你若再不去就照依禪林規矩抬到後面院子裏一把火就把你燒了惡和尚聽了懷恨在心也不辭老和尚次日收拾衣单去了老和尚又住了半年思量要到峨嵋山走走順便去成都會會郭孝子辭了衆人挑着行李衣鉢風餐徃陝一路來到四川離成都有百十里多路那日下店早老和尚出

去看看山景走到那一个茶棚内吃茶那棚裏先坐着一个和尚老和尚忘記認不得他了那和尚却認得老和尚便上前打个問訊道和尚這里茶不好前邊不多幾步就是小菴何不請到小菴裏去吃杯茶老和尚歡喜道最好那和尚領着老和尚曲曲折折走了七八里路纔到一个菴裏那菴一進三間前邊一尊遮藍菩薩後一進三間殿並没有菩薩中間放着一个榻床那和尚同老和尚走進菴門纔說道老和尚

你認得我麼老和尚方纔想起是禪林裡趕出
去的惡和尚吃了一驚說道是方纔偶然忘記
而今認得了惡和尚竟自已走到床上坐下睁
開眼道你今日旣到我這裏不怕你飛上天去
我這里有个葫蘆你拏了在半里路外山岡上
一个老婦人開的酒店裏替我打一葫蘆酒來
你快去老和尚不敢違拗捧着葫芦出去找到
山岡子上果然有个老婦人在那里賣酒老和
尚把這葫芦遞與他那婦人接了葫芦上上下

下把老和尚一看止不住眼里流下淚來便要拿葫芦去打酒老和尚嚇了一跳便打个問訊道老菩薩你怎見了貧僧就這般悲慟起來這是甚麽原故那婦人含着淚說道我方才看見老師父是个慈悲面貌不該遭這一難老和尚驚道貧僧是遭的甚麽難那老婦人道老師父你可是在半里路外那巷裏來的老和尚道貧僧便是你怎麽知道老婦人道我認得他這葫蘆他但凡要吃人的腦子就拏這葫芦來打我

店裏藥酒老師父你這一打了酒去沒有活的命了老和尚聽了魂飛天外慌了道這怎麼處我如今走了罷老婦人道你怎麼走得這四十里內都是他舊日的响馬党羽他菴裏走了一人一声挪子响即刻有人細綳了你送在菴裏去老和尚哭着跪在地下求老菩薩救命老婦人道我怎能救你我若說破了我的性命也難保但看見你老師父慈悲死的可憐我指一條路給你去尋一个人老和尚道老菩薩你指我

去尋那个人老婦人慢慢說出這一个人來只因這一番有分教熱心救難又出驚天動地之人伏劍立功無非報國忠臣之事畢竟這老婦人說出甚麼人來且聽下回分解

文章至此篇可謂極盡險怪之致矣長夏攤飯時讀之可以睡醒可以愈病

郭孝子原是一種枯槁寂莫之人故與老和尚之氣味最相合

寒風朔雪猛虎怪獸郭孝子備嘗之矣以為

苦猶未足以言其苦也老和尚竟墮入夜叉
鬼國性命乃在呼吸之間天下事之可驚可
怪者孰愈于此不意耳目之間有此奇觀

儒林外史第三十八回

二十[illegible]

儒林外史第三十九回

蕭雲仙救難明月嶺　平少保奏凱青楓城

話說老和尚聽了老婦人這一番話跪在地下哀告老婦人道我怎能救你只好指你一條路去尋一个人老和尚道老菩薩却叫貧僧去尋一个甚麽人求指點了我去老婦人道離此處有一里多路有个小小山岡叫做明月嶺你從我這屋後山路過去還可以近得幾步你到那嶺上有一个少年在那裏打彈子你却不要問

他只雙膝跪在他面前等他問你你再把這些話向他說只有這一个人還可以救你你速去求他却也還拿不穩設若這个人還不能救你我今日說破這个話連我的性命只好休了老和尚聽了戰戰兢兢將葫芦裏打滿了酒謝了老婦人在屋後攀籐附葛上去果然走不到一里多路一个小小山岡山岡上一个少年在那里打彈子山洞裏嵌着一塊雪白的石頭不過銅錢大那少年覷的較近彈子過處一下下都

打了一个準老和尚近前看那少年時頭帶武巾身穿藕色戰袍白淨面皮生得十分美貌那少年彈子正打得酣邊老和尚走來雙膝跪在他面前那少年正要問時山凹裏飛起一陣麻雀那少年道等我打了這个雀兒看手起彈子落把麻雀打死了一个墜下去那少年看見老和尚含着眼淚跪在跟前說道老師父你快請起來你的來意我知道了我在此學彈子正為此事但纔學到九分還有一分未到恐怕還有

意外之失所以不敢動手今日既遇着你來我也說不得了想是他畢命之期老師父你不必在此躭誤你快將葫芦酒拿到庵裏去臉上萬不可做出慌張之像更不可做出悲傷之像來你到那里他叫你怎麽樣你就怎麽樣一毫不可違拗他我自來救你老和尚沒奈何只得捧着酒葫芦照依舊路來到菴裏進了第二層只見惡和尚坐在中間床上手裏已是拿着一把明晃晃的鋼刀問老和尚道你怎麽這時纔來

老和尚道貧僧認不得路走錯了慢慢找了回來惡和尚道這也罷了你跪下罷老和尚雙膝跪下惡和尚道跪上些來老和尚見他拿着刀不敢上去惡和尚道你不上來我劈面就砍來老和尚只得膝得上去惡和尚道你褪了帽子罷老和尚含着眼淚自己除了帽子惡和尚把老和尚的光頭捏一捏把葫芦藥酒倒出來吃了一口左手拿着酒右手執着風快的刀在老和尚頭上試一試比个中心老和尚此時尚未

等他劈下來那魂靈已在顖門裏出去了惡和尚比定中心知道是腦子的所在一劈出了恰好腦漿迸出趕熱好吃當下比定了中心手持鋼刀向老和尚頭頂心裏劈將下來不想刀口未曾落老和尚頭上只聽得門外颼的一声一个弾子飛了進來飛到惡和尚左眼上惡和尚大驚丟了刀放下酒將隻手捺着左眼飛跑出來到了外一層迦藍菩薩頭上坐着一个人惡和尚抬起頭來又是一个弾子把眼打瞎惡和

尚跌倒了那少年跳了下來進裏面一層老和尚已是嚇倒在地那少年道老師父快起來走走和尚道我嚇軟了其實走不動了那少年道起來我背着你走便把老和尚扯起來馱在身上急急出了巷門一口氣跑了四十里那少年把老和尚放下說道好了老師父脫了這場大難自此前途吉慶無虞老和尚方纔還了魂跪在地下拜謝問恩人尊姓大名那少年道我也不過要除這一害並非有意救你你得了命你

速去罷問我的姓名怎的老和尚又問總不肯說老和尚只得向前膜拜了九拜說道且辭別了恩人不死當以厚報拜畢起來上路去了那少年精力已倦尋路旁一个店内坐下只見店裏先坐着一个人面前放着一个盒子那少年看那人時頭戴孝巾身穿白布衣服脚下芒鞋形容悲戚眼下許多淚痕便和他拱一拱手對面坐下那人笑道清平世界蕩蕩乾坤把彈子打瞎人的眼睛却來這店裏坐的安穩那少年

道老先生從那里來怎麼知道這件事的那人道我方纔原是笑話剪除惡人救拔善類這是最難得的事你長兄尊姓大名那少年道我姓蕭名來字雲仙舍下就在這成都府一十里外東山住那人驚道成都二十里外東山有一位蕭昊軒先生可是尊府蕭雲仙驚道這便是家父老先生怎麼知道那人道原來就是尊翁便把自已姓名說下并因甚來四川在同官縣會見縣令尤公曾有一書與尊大人我因尋親念

切不曾遠路到尊府長兄你方纔救的這老和尚我却也認得他不想邂逅相逢看長兄如此英雄便是吳軒先生令郎可敬可敬蕭雲仙道老先生既尋着太老先生如何不同在一處如今獨自又往那里去郭孝子見問這話哭起來道不幸先君去世了這盒子裏便是先君的骸骨我本是湖廣人而今把先君骸骨背到故鄉去歸葬蕭雲仙垂淚道可憐可憐但晚生幸遇着老先生不知可以拜請老先生同晚生到舍

下去會一會家君麽郭孝子道本該造府恭謁奈我背着先君的骸骨不便且我歸葬心急致意尊大人將來有便再來奉謁罷因在行李內取出尤公的書子來遞與蕭雲仙又拿出百十个錢來叫店家買了三角酒割了二斤肉和些蔬菜之類叫店主人整治起來同蕭雲仙吃着便向他道長兄我和你一見如故這最是人生最難得的事況我從陝西來就有書子投奔的是尊大人這个就更比初交的不同了長兄像

你這樣事是而今世上人不肯做的真是難得但我也有一句話要勸你可以說得麽蕭雲仙道晚生年少正要求老先生指教有話怎麽不要說郭孝子道這冒險借軀都是俠客的勾當而今比不得春秋戰國時這樣事就可以成名而今是四海一家的時候任你荆軻聶政也只好叫做亂民像長兄有這樣品貌材藝又有這般義氣肝膽正該出來替朝廷効力將來到疆場一刀一鎗博得个封妻廕子也不枉了一个

青史留名不瞞長兄說我自幼空自學了一身武藝遭天倫之慘奔波辛苦數十餘年而今老了眼見得不中用了長兄年力鼎盛萬不可蹉跎自誤你須牢記老拙今日之言蕭雲仙道晚生得蒙老先生指教如撥雲見日感謝不盡又說了些閒話次早打發了店錢直送郭孝子到二十里路外岔路口彼此灑淚分別蕭雲仙回到家中問了父親的安將尤公書子呈上看過蕭昊軒道老友與我相別二十年不通音問他

今做官適意可喜可喜又道郭孝子武藝精能少年與我齊名可惜而今和我都老了他令求的他太翁骸骨歸葬也算了過一生心事蕭雲仙在家奉事父親過了半年松藩衛邊外生番與內地民人互市因買賣不公彼此吵鬧起來那番子性野不知王法就持了刀杖器械大打一仗弓兵前來護救都被他殺傷了又將青楓城一座强占了去巡撫將事由飛奏到京朝廷看了本章大怒奉旨差少保平治前往督師務

必挈庭掃穴以章天討平少保得了聖旨星飛出京到了松藩駐劄蕭昊軒聽了此事喚了蕭雲仙到面前吩咐道我聽得平少保出師現駐松藩征勦生番少保與我有舊你今前往投軍說出我的名姓少保若肯留在帳下効力你也可以借此報効朝廷正是男子漢發奮有爲之時蕭昊仙道父親年老兒子不敢違離膝下蕭昊軒道你這話就不是了我雖年老現在並無病痛飯也吃得覺也睡得何必要你追隨左右

你若是借口不肯前去便是貪圖安逸在家戀着妻子乃是不孝之子從此你便不許再見我的面了幾句話讓的蕭雲仙閉口無言只得辭了父親拴束行李前去投軍一路程途不必細說這一日離松藩衞還有一站多路因出店太早走了十多里天尚未亮蕭雲仙背着行李正走得好忽聽得背後有脚步響他便跳開一步回轉頭來只見一个人手持短棍正待上前來打他早被他飛起一脚踢倒在地蕭雲仙奪了

他手中短棍劈頭就要打那人在地下嚷道看
我師父面上饒恕我罷蕭雲仙住了手問道你
師父是誰那時天色已明看那人時三十多歲
光景身穿短襖腳下八搭麻鞋面上微有髭鬚
那人道小人姓木名耐是郭孝子的徒弟蕭雲
仙一把拉起來問其備細木耐將曾經短路遇
郭孝子及他收為徒弟的一番話說了一遍蕭
雲仙道你師父我也認得你今番待往那里去
木耐道我聽得平少保征番現在松藩招軍意

思要到那里去投軍因途間缺少盤纏適纔得罪長兄休怪蕭雲仙道既然如此我也是投軍去的便和你同行何如木耐大喜情愿認做蕭雲仙的親隨伴當一路來到松藩在中軍處遞了投充的呈詞少保傳令細細盤問來歷知道是蕭浩的兒子收在帳下賞給千揔職銜軍前効力木耐賞戰粮一分聽候調遣過了幾日各路粮餉俱已調齊少保升帳傳下將令叫各弁在轅門聽候蕭雲仙早早到了只見先有兩位都督

在轅門上蕭雲仙請了安立在傍邊聽那一位都督道前日總鎮馬大老爺出兵竟被青楓城的番子用計挖了陷坑連人和馬都跌在陷坑裏馬大老爺受了重傷過了兩天傷發身死現今屍首並不曾找着馬大老爺是司禮監老公公的侄兒現今內裏傳出信來務必要找尋屍首若是尋不着將來不知是个怎麼樣的處分這事怎了這一位都督道聽見青楓城一帶幾十里是無水草的要等冬天積下大雪到春融

之時那山上雪水化了淌下來人和牲口纔有水吃我們到那里出兵只消幾天沒有水吃就活活的要渴死了那里還能打甚麼仗蕭雲仙聽了上前稟道兩位太爺不必費心這青楓城是有水草的不但有而且水草最為肥饒兩都督道蕭干總你會去過不會蕭雲仙道卑弁不曾去過兩位都督道可又來你不曾去過怎麼得知道蕭雲仙道卑弁在史書上看過說這地方水草肥饒兩都督變了臉道那書本子上的

話如何信得蕭雲仙不敢言語少刻雲板響處轅門㗸鼓喧鬧少保升帳傳下號令教兩都督率領本部兵馬作中軍策應叫蕭雲仙帶領步兵五百名在前先鋒開路本帥督領後隊調遣將令已下各將分頭前去蕭雲仙攜了木耐帶領五百步兵疾忙前進望見前面一座高山十分險峻那山頭上隱隱有旗幟在那里把守這山名喚椅兒山是青楓城的門户蕭雲仙吩咐木耐道你帶領二百人從小路扒過山去在他

總路口等着只聽得山頭炮響你們便喊殺回來助戰不可有誤木耐應諾去了蕭雲仙又叫一百兵丁埋伏在山凹裏只聽山頭炮響一齊吶喊起來報稱大兵已到趕上前來助戰分派已定蕭雲仙帶着二百人大踏步殺上山來那山上幾百番子藏在上洞裏看見有人殺上來一齊蜂擁的出來打仗那蕭雲仙腰插彈弓手拿腰刀奮勇爭先手起刀落先殺了幾个番子那番子見勢頭勇猛正要逃走一百人捲地齊

來猶如暴風疾雨忽然一聲炮響山門裏伏兵大聲喊叫大兵到了飛逩上山番子正在魂驚膽落又見山後那二百人搖旗吶喊飛殺上來只道大軍已經得了青楓城亂紛紛各自逃命那里禁得蕭雲仙的彈子打來打得鼻塌嘴歪無處躲避蕭雲仙將五百人合在一處喊聲大震把那幾百个番子猶如砍瓜切菜儘數都砍死了旂幟器械得了無數蕭雲仙叫衆人暫歇一歇即鼓勇前進只見一路都是深林密箐走

了半天林子盡處一條大河遠遠望見青楓城在數里之外蕭雲仙見無船隻可渡忙叫五百人旋即砍伐林竹編成筏子頃刻辦就一齊渡過河來蕭雲仙道我們大兵尚在後面攻打他的城池不是五百人做得來的第一不可使番賊知道我們的虛實叫木耐率領兵衆將奪得旂幟改造做雲梯帶二百兵每人身藏枯竹一束到他城西僻靜地方爬上城去將他堆貯糧草處所放起火來我們便好攻打他的東門這

里分撥已定且說兩位都督率領中軍到了椅見山下又不知道蕭雲仙可曾過去兩位議道像這等險惡所在他們必有埋伏我們盡力放些大炮放的他們不敢出來也就可以報捷了正說着一騎馬飛遊追來少保傳下軍令叫兩位都督疾忙前去策應恐怕蕭雲仙少年輕進以致失事兩都督得了將令不敢不進號令軍中疾馳到帶子河見有現成筏子都渡過去望見青楓城裏火光燭天那蕭雲仙正在東門外

施放砲火攻打城中番子見城中火起不亂自亂這城外中軍已到與前先鋒合爲一處將一座青楓城圍的鉄桶般相似那番酋開了北門捨命一頓混戰只剩了十數騎潰圍逃命去了少保督領後隊已到城裏敗殘的百姓各人頭頂香花跪迎少保進城少保傳令救火安民秋毫不許驚動隨即寫了本章遣官到京裏報捷這里蕭雲仙迎接叩見了少保少保大喜賞了他一腔羊一罎酒誇獎了一番過了十餘日旨

意回頭着平治來京兩都督回任候陞蕭丞實授于揔那善後事宜少保便交與蕭雲仙辦理蕭雲仙送了少保進京回到城中看見兵荒之後城垣倒塌倉庫毀壞便細細做了一套文書禀明少保那少保便將修城一事批了下來責成蕭雲仙用心經理候城工完峻之後另行保題議叙只因這一番有分教甘棠有蔭空留後人之思飛將難封徒博數奇之歎不知蕭雲仙怎樣修城且聽下回分解

惡和尚一段故作險語愈逼愈緊能令閱者不敢逼視老和尚性命在呼吸之間作者偏蕭閒事外謾謾詮解讀此何異圖窮而匕首見

蕭雲仙彈子世家也而其打法又絕不與蕭昊軒犯複筆墨酣暢無所不可

余嘗向友人言大凡學者操觚有所著作第一要有功于世道人心為主此聖人所謂修辭立其誠也如郭孝子指教蕭雲仙一段雖

聖人復起不易斯言世所傳之稗官眞驅朝廷之命官去而之水泊爲賊是書能勸冒險借軀之人出而爲國家効命于疆場信乎君子立言必不朽也

椅兒山破敵青楓城取城千秋百世皆知是蕭雲仙之功兩都督不與也及其結局雲仙不過實授千總而兩公則囘任侯陞李蔡爲人下中竟得封侯亦千古同嘆之事嗚呼尚何言哉

儒林外史第三十九回

儒林外史第四十回

蕭雲仙廣武山賞雪　沈瓊枝利涉橋賣文

話說蕭雲仙奉着將令監督築城足足住了三四年那城方纔築的成功周圍十里六座城門城裏又蓋了五个衙署出榜招集流民進來居住城外就叫百姓開墾田地蕭雲仙想道像這旱地百姓一遇荒年就不能收糧食了須是興起些水利來因動支錢糧僱齊民夫蕭雲仙親自指點百姓在田傍開出許多溝渠來溝間有

洫洫間有遂開得高高低低彷彿江南的光景到了成功的時候蕭雲仙騎着馬帶着木耐在各處犒勞百姓們每到一處蕭雲仙殺牛宰馬傳下號令把那一方百姓都傳齊了蕭雲仙建一壇場立起先農的牌位來擺設了牛羊祭禮蕭雲仙紗帽補服自己跕在前面率領衆百姓叫木耐在旁贊禮升香奠酒三獻八拜拜過又率領衆百姓望着北闕山呼舞蹈叩謝皇恩便叫百姓都團團坐下蕭雲仙坐在中間拔劍割

肉大碗斟酒歡呼笑樂痛飲一天吃完了酒蕭雲仙向衆百姓道我和你們衆百姓在此痛飲一天也是緣法而今上賴皇恩下托你們衆百姓的力開墾了這許多田地也是我姓蕭的在這裏一番我如今親自手種一顆柳樹你們衆百姓每人也種一顆或雜些桃花杏花亦可記着今日之事衆百姓歡聲如雷一个个都在大路上栽了桃柳蕭雲仙同木耐今日在這一方明日又在那一方一連吃了幾十日酒共栽了

幾萬顆柳樹衆百姓感激蕭雲仙的恩德在城門外公同起蓋了一所先農祠中間供着先農神位旁邊供了蕭雲仙的長生祿位牌又尋一个會畫的在牆上畫了一个馬畫蕭雲仙紗帽補服騎在馬上前面畫木耐的像手裏擎着一枝紅旗引着馬做勸農的光景百姓家男男女女到朔望的日子往這廟裏來焚香點燭跪拜非止一日到次年春天楊柳發了青桃花杏花都漸漸開了蕭雲仙騎着馬帶着木耐出來遊

玩見那綠樹陰中百姓家的小孩子三五成羣的牽着牛也有倒騎在牛上的也有横睡在牛背上的在田旁溝裏飲了水從屋角邊慢慢轉了過來蕭雲仙心裏歡喜向木耐道你看這般光景百姓們的日子有的過了只是這班小孩子一个个好模好樣也還覺得聰俊怎得有个先生教他識字便好木耐道老爺你不知道麽前日這先農祠住着一个先生是江南人而今想是還在這里老爺何不去和他商議蕭雲仙

道這更湊巧了便打馬到祠內會那先生進去同那先生作揖坐下蕭雲仙道聞得先生貴處是江南因甚到這邊外地方請問先生貴姓那先生道賤姓沈做處常州因向年有个親戚在青楓做生意所以來看他不想遭了兵亂流落在這里五六年不得回去近日聞得朝裏蕭老先生在這里築城開水利所以到這里來看看老先生尊姓貴衙門是那里蕭雲仙道小弟便是蕭雲仙在此開水利的那先生起身從新行

禮道老先生便是當今的班定遠晚生不勝敬
服蕭雲仙道先生旣在這城裏我就是主人請
到我公廨裏去住便叫兩个百姓來搬了沈先
生的行李叫木耐牽着馬蕭雲仙攜了沈先生
的手同到公廨裏來備酒飯款待沈先生說起
要請他教書的話先生應允了蕭雲仙又道只
得先生一位教不來便將帶來駐防的二千
多兵內揀那認得字多的兵選了十个託沈先
生每日指授他些書理開了十个學堂把百姓

家畧聰明的孩子都養在學堂裏讀書讀到兩
年多沈先生就教他做些破題破承起講但凡
做的來蕭雲仙就和他分庭抗禮以示優待這
些人也知道讀書是體面事了蕭雲仙城工已
竣報上文書去把這文書就呌木耐去木耐見
了少保少保問他些情節賞他一个外委把總
做去了少保據着蕭雲仙的詳文咨明兵部工
部核算蕭采承辦青楓城城工一案該撫題銷
本內磚灰工匠共開銷銀一萬九千三百六十

兩一錢二分一釐五毫查該地水草附近燒造磚灰甚便新集流民充當工役者甚多不便聽其任意浮開應請核減銀七千五百二十五兩有零在于該員名下着追查該員係四川成都府人應行文該地方官勒限嚴比歸款可也奉
旨依議蕭雲仙看了郵鈔接了上司行來的公文只得打點收拾行李回成都府比及到家他父親已臥病在床不能起來蕭雲仙到床面前請了父親的安訴說軍前這些始末緣由說過

又磕下頭去伏着不肯起來蕭昊軒道這些事
你都不會做錯爲甚麼不起來蕭雲仙纔把因
修城工被工部核減追賠一案說了又道兒子
不能掙得一絲半粟孝敬父親到要破費了父
親的產業實在不可自比于人心裏愧恨之極
蕭昊軒道這是朝廷功令又不是你不肯花消
掉了何必氣惱我的產業攢湊攏來大約還有
七千金你一總呈出歸公便了蕭雲仙哭着應
諾了看見父親病重他衣不解帶伏侍十餘日

眼見得是不濟事蕭雲仙哭着問父親可有甚麼遺言蕭昊軒道你這話又獃氣了我在一日是我的事我死後就都是你的事了總之爲人以忠孝爲本其餘都是末事說畢瞑目而逝蕭雲仙呼天搶地盡哀盡禮治辦喪事十分盡心却自已嘆息道人說塞翁失馬未知是福是禍前日要不爲追賠斷斷也不能回家父親送終的事也再不能自已親自辦可見這番回家也不枓做不幸喪葬已畢家產都已賠完了還少

三百多兩銀子地方官仍舊緊追適逢知府因盜案的事降調去了新任知府却是平少保做巡撫時提拔的到任後知道蕭雲仙是少保的人替他虛出了一个完清的結狀呌他先到平少保那里去再想法來賠補少保見了蕭雲仙慰勞了一番替他出了一角咨文送部引見兵部司官說道蕭采辦理城工一案無例題補應請仍于本千總班次論俸推陞守備俟其得鈌之日帶領引見蕭雲仙又候了五六个月部裏

纔推陞了他應天府江淮衛的守備帶領引見
奉旨着往新任蕭雲仙領了劄付出京走東路
來南京過了朱龍橋到了廣武衛地方晚間住
在店裏正是嚴冬時分約有二更鼓店家吆
呼道客人們起來木摠爺來查夜衆人都披了
衣服坐在鋪上只見四五个兵打着燈籠照着
那總爺進來逐名查了蕭雲仙看見那摠爺原
來就是木耐木耐見了蕭雲仙喜出望外叩請
了安忙將蕭雲仙請進衙署住了一宿次日蕭

雲仙便要起行木耐留住道老爺且寬住一日這天色想是要下雪了今日且到廣武山阮公祠遊玩遊玩畢弁盡个地主之誼蕭雲仙應允了木耐叫備兩匹馬同蕭雲仙騎着又叫一个兵備了幾樣餚饌和一尊酒一經來到廣武山阮公祠內道士接進去請到後面樓上坐下道士不敢來陪隨接送上茶來木耐隨手開了六扇窗格正對着廣武山側面看那山上樹木凋敗又被北風吹的凜凜冽冽的光景天上便飄

下雪花來蕭雲仙看了向着木耐說道我兩人
當日在青楓城的時候這樣的雪不知經過了
多少那時到也不見得苦楚如今見了這幾點
雪倒覺得寒冷的緊木耐道想起那兩位都督
大老爺此時貂裘向火不知怎麼樣快活哩說
着吃完了酒蕭雲仙起來閒步樓右邊一个小
閣子牆上嵌着許多名人題咏蕭雲仙都看完
了內中一首題目寫着廣武山懷古讀去却是
一首七言古風蕭雲仙讀了又讀讀過幾遍不

覺悽然淚下木耐在旁不解其意蕭雲仙又看了後面一行寫着白門武書正字氏稿看罷記在心裏當下收拾回到衙署又住了一夜次日天晴蕭雲仙辭別木耐要行木耐親自送過大柳驛方纔回去蕭雲仙從浦口過江進了京城驗了劄付到了任查點了運丁看驗了船隻同前任的官交代清楚那日便問運丁道你們可曉的這里有一個姓武名書號正字的是个甚麽人旂丁道運丁却不知道老爺問他却為甚

麽蕭雲仙道我在廣武衛看見他的詩急于要
會他旗丁道既是做詩的人小如今國子監一
問便知了蕭雲仙道你快些去問旂丁次日來
回復道國子監問過來了門上說監裏有个武
相公叫做武書是个上齋的監生就在花牌樓
住蕭雲仙道快叫人伺候不打執事我就去拜
他當下一直來到花牌樓一个坐東朝西的門
樓投進帖去武書出來會了蕭雲仙道小弟是
一个武夫新到貴處仰慕賢人君子前日在廣

武山壁上奉讀老先生懷古佳作所以特來拜謁武書道小弟那詩也是一時有感之作不想有污尊目當下捧出茶來吃了武書道老先生自廣武而來想必自京師部選的了蕭雲仙道不瞞老先生說起來話長小弟自從青楓城出征之後因修理城工多用了帑項方纔賠償清了照千總推陞的例選在這江淮衛却喜得會見老先生凡事要求指教改日還有事奉商武書道當得領教蕭雲仙說罷起身去了武書送

出大門看見監裏齋夫飛跑了來說道大堂虞老爺立候相公說話武書走去見虞博士虞博士道年兄令堂旌表的事部裏爲報在後面駁了三回如今纔准了牌坊銀子在司裏年兄可作速領去武書謝了出來次日帶了帖子去回拜蕭守備蕭雲仙迎入川堂作揖奉坐武書道昨日枉駕後多慢拙作過蒙稱許心切不安還有些拙刻帶在這邊還求指教因在袖內拏出一卷詩來蕭雲仙接着看了數草讚嘆不已隨

請到書房裏坐了擺上飯來吃過蕭雲仙拏出一个卷子遞與武書道這是小弟半生事跡專求老先生大筆或作一篇文或作幾首詩以垂不朽武書接過來放在卓上打開看時前面寫着西征小紀四个字中間三副圖第一副是椅兒山破敵第二副是靑楓取城第三副是春郊勸農每幅下面都有逐細的紀畧武書看完了嘆惜道飛將軍數奇古今來大概如此老先生這樣功勞至今還屈在卑位這做詩的事小弟

旨是領教但老先生這一番汗馬的功勞限于資格料是不能載入史冊的了須得幾位大手筆撰述一番各家文集裏傳留下去也不埋沒了這半生忠悃蕭雲仙道這个也不敢當但得老先生大筆小弟也可借以不朽了武書道這个不然卷子我且帶了回去這邊有幾位大名素昔最喜讚揚忠孝的若是見了老先生這一番事業料想樂于題咏的容小弟將此卷傳了去看看蕭雲仙道老先生的相知何不竟指小

弟先去拜謁武書道這也使得蕭雲仙拏了一張紅帖子要武書開名字去拜武書便開出虞博士果行遲均衡山莊徵君紹光杜儀少卿俱寫了住處遞與蕭雲仙帶了卷子告辭去了蕭雲仙次日拜了各位各位都回拜了隨奉粮道文書押運赴淮蕭雲仙上船到了揚州在抄關上擠馬頭正擠的熱閙只見後面擠上一隻船來船頭上跕着一个人叫道蕭老先生怎麼在這里蕭雲仙回頭一看說道呵呀原來是沈先

生你幾時回來的忙叫攏了船那沈先生跳上
船來蕭雲仙道向在青楓城一別至今數年是
幾時回南來的沈先生道自蒙老先生青目教
了兩年書積下些修金回到家鄉將小女許嫁
揚州宋府上此時送他上門去蕭雲仙道令愛
恭喜少賀因叫跟隨的人封了一兩銀子送過
來做賀禮說道我今番押運北上不敢停泊將
來回到敝署再請先生相會罷作別開船去了
這先生領着他女兒瓊枝岸上叫了一乘小轎

子抬着女兒自已押了行李到了鈌口門落在大豐旂下店裏那里夥計接着通報了宋塩商那塩商宋爲富打發家人來吩付道老爺叫把新娘就抬到府裏去沈老爺留在下店裏住着叫賬房置酒款待沈先生聽了這話向女兒瓊枝道我們只說到了這裏權且住下等他擇吉過門怎麼這等大模大樣看來這等光景竟不是把你當作正室了這頭親事還是就得就不得女兒你也須自已主張沈瓊枝道爹爹你請

放心我家又不曾寫立文書得他身價爲甚麼肯去伏低做小他既如此排場爹爹若是抑他吵鬧起來倒反被外人議論我而今一乘轎子抬到他家裏去看他怎模樣看待我沈先生只得依着女兒的言語看着他裝飾起來頭上戴了冠子身上穿了大紅外蓋拜辭了父親上了轎那家人跟着轎子一直來到河下進了大門幾个小老媽抱着小官在大牆門口同看門的管家說笑話看見轎子進來問道可是沈新娘

來了請下了轎走水巷里進去沈瓊枝聽見也不言語下了轎一直走到大廳上坐下說道請你家老爺出來我常州姓沈的不是甚麼低三下四的人家他既要娶我怎的不張燈結彩擇吉過門把我消消的擡了來當做娶妾的一般光景我且不問他要別的只叫他把我父親親筆寫的婚書拏出來與我看我就沒的說了老媽同家人都嚇了一跳甚覺詫異慌忙走到後邊報與老爺知道那宋為富正在藥房里看着

藥匠弄人參聽了這一篇話紅着臉道我們揔商人家一年至少也娶七八个妾都像這般淘氣起來這日子還過得他走了來不怕他飛到那里去躊躇一會吽過一个丫鬟來吩咐道你去前面向那新娘說老爺今日不在新娘權且進房去有甚麼話等老爺來家再說了鬟來說了沈瓊枝心裏想着坐在這裏也不是事不如且隨他進去便跟着丫頭走倒廳背後左邊一个小圭門裏進去三間楠木廳一个大院落堆

滿了太湖石的山子沿着那山石走到左邊一條小巷串入一个花園內竹樹交加亭臺軒廠一个極寬的金魚池池子旁邊都是硃紅欄杆夾着一帶走廊走到廊盡頭處一個小小月洞四扇金漆門走將進去便是三間屋一間做房鋪設的齊齊整整獨自一个院落嫣子送了茶來沈瓊枝吃着心裏暗說道這樣極幽的所在料想彼人也不會賞鑑且讓我在此消遣幾天那丫鬟回去回復宋爲富道新娘人物倒生得

標緻只是樣子覺得憊賴不是个好惹的過了一宿宋為富叫管家到下店裏吩咐賬房中兌出五百兩銀子送與沈老爺叫他且回府着姑娘在這裏想沒的話說沈先生听了這話說道不好了他分明拿我女兒做妾這還了得一經走到江都縣喊了一狀那知縣看了呈子說道沈大年既是常州貢生也是衣冠中人物怎麽肯把女兒與人做妾鹽商豪橫一至於此將呈詞收了宋家曉得這事慌忙叫小司客具了一

个訢呈打通了關節次日呈子批出來批道沈大年既係將女瓊枝許配宋為富為正室何至自行私送上門顯係做妾可知架詞混賣不准那訢呈上批道已批示沈大年詞內矣沈大年又補了一張呈子知縣大怒說他是个刁健訟棍一張批兩个差人押解他回常州去了沈瓊枝在宋家過了幾天不見消息想道彼人一定是安排了我父親再來和我歪纏不如走離了他家再作道理將他那房里所有動用的金銀

器皿真珠首飾打了一个包袱穿了七條裙子
扮做小老媽的模樣買通了那丫鬟五更時分
從後門走了清晨出了鈔關門上船那船是有
家眷的沈瓊枝上了船自心裏想道我若回常
州父母家去恐惹故鄉人家恥笑細想南京是
个好地方有多少名人在那里我又會做兩句
詩何不到南京去賣詩過日子或者遇着些緣
法出來也不可知立定主意到儀徵換了江船
一直往南京來只因這一番有分教賣詩女士

反爲逋逃之流科舉儒生且作風流之客畢竟
後事如何且聽下回分解

蕭雲仙在青楓能養能教又能宣上德而達
下情乃是有體有用之才而限于資格卒爲
困鱗此作者之所以發憤著書一吐其不平
之鳴也

昔者阮籍登廣武而嘆曰時無英雄使豎子
成名書中賞雪一段是隱括此意雲仙與木
耐閑閒數語直抵過一篇李陵答蘇武書于

載之下淚痕猶濕

纔寫過蕭雲仙接手又寫一沈瓊枝雲仙豪傑也瓊枝亦豪傑也雲仙之屈處于下僚瓊枝之陷身于傖父境雖不同而其歌泣之情懷則一作者直欲收兩副淚眼而作同聲之一哭矣

儒林外史第四十回

儒林外史第四十一回

莊濯江話舊秦淮河　沈瓊枝押解江都縣

話說南京城裏每年四月半後秦淮景致漸漸好了那外江的船都下掉了樓子換上涼篷撑了進來船艙中間放一張小方金漆桌子桌上擺着宜興沙壺極細的成窰宣窰的杯子烹的上好的雨水毛尖茶那遊船的備了酒和餚饌及果碟到這河裏來游就是走路的人也買幾個錢的毛尖茶在船上煨了吃慢慢而行到天

色晚了每船兩盞明角燈一來一往映著河裏上下明亮自文德橋至利涉橋東水關夜夜笙歌不絕又有那些遊人買了水老鼠花在河內放那水花直站在河裏放出來就和一樹梨花一般每夜直到四更時纔歇國子監的武書是四月盡間生辰他家中窮請不起客杜少卿備了一席果碟沽幾觔酒叫了一隻小涼篷船和武書在河裏遊遊清早請了武書來在河房裏吃了飯開了水門同下了船杜少卿道正字兄

我和你先到淡冷處走走叫船家一路蕩到進香河又蕩子回來慢慢吃酒吃到下午時候兩人都微微醉了蕩到利涉橋上岸走走見馬頭上貼着一个招牌上寫道毘陵女士沈瓊枝精工顧繡寫扇作詩寓王府塘手帕巷內賜顧者幸認毘陵沈招牌便是武書看了大笑道杜先生你看南京城裏偏有許多奇事這些地方都是開私門的女人住這女人眼見的也是私門了掛起一個招牌來豈不可笑杜少卿道這

樣的事我們管他怎的且到船上去煨茶吃便同下了船不吃酒了煨起上好的茶來二人吃着閒談過了一回回頭看見一輪明月升上來照得滿船雪亮船就一直蕩上去到了月牙池見許多遊船在那裏放花炮內有一隻大船掛着四盞明角燈鋪着凉簟子在船上中間擺了一席上面坐着兩个客下面主位上坐着一位頭戴方巾身穿白紗直綴脚下凉鞋黃瘦面龐淸淸疎疎三綹白鬚橫頭坐着一个少年白淨

面皮微微幾根鬍子眼張失落在船上兩邊看見人這小船走近大船跟前杜少卿同武書認得那兩个客一个是盧信侯一个是莊紹光却認不得那兩个人莊紹光看見二人立起身來道少卿兄你請過來坐杜少卿同武書上了大船主人和二位見禮便問尊姓莊紹光道此位是天長杜少卿兄此位是武正字兄那主人道天長杜先生當初有一位做贛州太守的可是貴本家杜少卿驚道這便是先君那主人道我

四十年前與尊大人終日相聚叙祖親尊翁還是我的表兄杜少卿道莫不是莊濯江表叔麽那主人道豈敢我便是杜少卿道小姪當年年幼不曾會過今幸會見表叔失敬了從新同莊濯江叙了禮武書問莊紹光道這位老先生可是老先生貴族莊徵君笑道這還是舍姪那是先君受業的弟子我也和他相別了四十年近日纔從淮揚來武書又問此位莊濯江道這便是小兒也過來見了禮齊坐下莊濯江叫從新

拿上新鮮酒來奉與諸位喫莊濯江就問少卿兒幾時來的寓在那裏莊紹光道他已今在南京住了八九年了尊居現在這河房裏莊濯江驚道尊府大家園亭花木甲於江北爲甚麽肯搬在這裡莊紹光便把少卿豪舉而今黃金已隨手而盡略說了幾句莊濯江不勝歎息說道還記得十七八年前我在湖廣烏衣韋四先生寄了一封書子與我說他酒量越發大了二十年來竟不得一回團醉只有在天長賜書樓吃

了一場九年的陳酒醉了一夜心裏快暢的緊所以三千里外寄信告訴我我彼時不知府上是那一位做主人今日說起來想必是少卿兄無疑了武書道除了他誰人肯做這一个雅東杜少卿道韋老伯也是表叔相好的莊濯江道這是我髫年的相與了尊大人少時無人不敬仰是當代第一位賢公子我至今想起形容笑貌還如在目前盧信侯又同武書談到太伯祠大祭的事莊濯江拍膝嗟歎道這樣盛典可惜

來遲了不得躬逢其盛我將來也要怎的尋一件大事屈諸位先生大家會一會我就有趣了當下四五人談心話舊一直飲到半夜在杜少卿河房前見那河裏燈火闌珊笙歌漸歇耳邊忽聽得玉簫一聲衆人道我們各自分手罷武書也上了岸去莊濯江雖年老事莊紹光極是有禮當下杜少卿在河房前過上去回家莊濯江在船上一路送莊紹光到北門橋還自已同上岸家人打燈籠同盧信侯送到莊紹光家方

繞回去莊紹光留盧信侯住了一夜次日依舊同往湖園去了莊濯江次日寫了莊潔率子非熊的帖子來拜杜少卿杜少卿到蓮花橋來回拜留着談了一日杜少卿又在後湖會着莊紹光莊紹光道我這舍姪亦非等閒之人他四十年前在泗州同人合本開典當那合本的人窮了他就把他自己經營的兩萬金和典當拱手讓了那人自己一肩行李跨一个瘦驢出了泗州城這十數年來往來楚越轉徙經營又自致

數萬金纔置了產業南京來住平日極是好友敦倫替他尊人治喪不曾要同胞兄弟出過一个錢俱是他一人獨任多少老朋友死了無所歸的他就殯葬他又極遵先君當年的教訓最是敬重文人流連古蹟現今拿着三四千銀子在雞鳴山修曹武惠王廟等他修成了少卿也約衡山兄來替他做一个大祭杜少卿聽了心裏歡喜說罷辭別去了轉眼長夏已過又是新秋清風戒寒那秦淮河另是一番景致滿城的

人都叫了船請了大和尙在船上懸掛佛像鋪設經壇從西水關起一路施食到進香河十里之内降眞香燒的有如烟霧溟濛那鼓鈸梵唄之聲不絕於耳到晚做的極精緻的蓮花燈點起來浮在水面上又有極大的法船照依佛家中元地獄赦罪之說超度這些孤魂升天把一个南京秦淮河變做西域天竺國到七月二十九日淸凉山地藏勝會人都說地藏菩薩一年到頭都把眼閉着只有這一夜纔睜開眼若見

滿城都擺的香花燈燭他就只當是一年到頭都是如此就歡喜這些人好善就肯保佑人所以這一夜南京人各家門戶都搭起兩張桌子來兩枝通宵風燭一座香斗從大中橋到清凉山一條街有七八里路點得像一條銀龍一夜的亮香烟不絕大風也吹不熄傾城士女都出來燒香看會沈瓊枝住在王府塘房子裏也同房主人娘子去燒香回來沈瓊枝自從來到南京掛了招牌也有來求詩的也有來買斗方的

也有來托刺綉的那些好事的惡少都一傳兩兩傳三的來物色非止一日這一日燒香回來人見他是下路打扮跟了他後面走的就有百十人莊非熊却也順路跟在後面看見他走到王府塘那邊去了莊非熊心裡有些疑惑次日來到杜少卿家說這沈瓊枝在王府塘有惡少們去說混話他就要怒罵起來此人來路甚奇少卿兄何不去看看杜少卿道我也聽見這話此時多失意之人安知其不因避難而來此地

我正要去問他當下便留莊非熊在河房看新月又請了兩个客來一个是遲衡山一个是武書莊非熊見了說些閒話又講起王府塘沈瓊枝賣詩文的事杜少卿道無論他是怎樣果真能做詩文這也就難得了遲衡山道南京城裏是何等地方四方的名士還數不清還那个去求婦女們的詩文這个明明借此勾引人他能做不能做不必管他武書道這个却奇一个少年婦女獨自在外又無同伴靠賣詩文過日子

恐怕世上斷無此理只恐其中有甚麽情由他旣然會做詩我們便邀了他來做做看說著吃了晚飯那新月已從河底下斜掛一鈎漸漸的照過橋來杜少卿道正字兄方纔所說今日已遲了明日在舍間早飯後同去走走武書應諾同遲衡山莊非熊都別去了次日武正字來到杜少卿家早飯後同到王府塘來只見前面一間底矮房屋門首圍著一二十人在那裡吵鬧杜少卿同武書上前一看裏邊便是一个十八

九歲婦人梳着下路綹鬏穿着一件寶藍紗大領披風在裡面支支喳喳的囑杜少卿同武書聽了一聽纔曉得是人來買繡香囊地方上幾个喇子想來拿囮頭却無實跡到被他罵了一場兩人聽得明白方才進去那些人看見兩位進去也就漸漸散了沈瓊枝看見兩人氣槩不同連忙接著拜了萬福坐定彼此談了幾句閒話武書道這杜少卿先生是此間詩壇祭酒昨日因有人說起佳作可觀所以來請教沈瓊枝

前我住南京半年多凡到我這裡來的不是把我當作倚門之娼就是疑我爲江湖之盜兩樣人皆不足與言今見二位先生旣無狎玩我的意思又無疑猜我的心腸我平日聽見家父說南京名士甚多只有杜少卿先生是個豪傑這句話不錯了但不知先生是客居在此還是和夫人也同在南京杜少卿道拙荊也同寄居在河房內沈瓊枝道旣如此我就到府拜謁夫人好將心事細說杜少卿應諾同武書先別了出

來武書對杜少卿說道我看這个女人實有些奇若說他是个邪貨他却不帶淫氣若是說他是人家遣出來的婢妾他却又不帶賤氣看他雖是个女流倒有許多豪俠的光景他那般輕倩的裝飾雖則覺得柔媚只一雙手指却像講究勾搬弄的論此時的風氣也未必有車中女子同那紅線一流人却怕是負氣鬬狠逃了出來的等他來時盤問盤問他看我的眼力如何說着已回到杜少卿家門首看見姚奶奶背着

花籃兒來賣花杜少卿道姚奶奶你來的正好我家今日有个希奇的客到你就在這裡看看讓武正字到河房裡坐着同姚奶奶進去和娘子說了少刻沈瓊枝坐了轎子到門首下了進來杜少卿迎進內室娘子接着見過禮坐下奉茶沈瓊枝上首杜娘子主位姚奶奶在下面陪着杜少卿坐在窗槅前彼此叙了寒暄杜娘子問道沈姑娘看你如此青年獨自一个在客邊可有个同伴的家裡可還有尊人在堂可曾許

守過人家沈瓊枝道家父歷年在外坐館先母
已經去世我自小學了些手工針黹因來到這
南京大邦去處借此餬口適承杜先生相顧相
約到府又承夫人一見如故眞是天涯知己了
姚奶奶道沈姑娘出奇的針黹昨日我在對門
葛來官家看見他相公娘買了一幅綉的觀音
送子說是買的姑娘的眞个畫兒也沒有那畫
的好沈瓊枝道胡亂做做罷了見笑的緊須臾
姚奶奶走出房門外去沈瓊枝在杜娘子面前

雙膝跪下娘子大驚扶了起來沈瓊枝便把鹽商騙他做妾他拐了東西逃走的話說了一遍而今只怕他不能忘情還要追踪而來夫人可能救我杜少卿道鹽商富貴奢華多少士大夫見了就銷魂奪魄你一个弱女子視如土芥這就可敬的極了但他必要追踪你這禍事不遠却也無甚大害正說着小廝進來請少卿武爺有話要說杜少卿走到河房裏只見兩个人垂着手站在槅子門口像是兩个差人少卿嚇了

一跳問道你們是那裡來的怎麽直到這裏邊來武書接應道是我叫進來的奇怪如今縣裏據着江都縣緝捕的文書在這裏拿人說他是宋鹽商家逃出來的一个妾我的眼色如何少卿道此刻都在我家我家與他拿了去就像是我家指使的傳到揚州去又像我家藏留他他逃走不逃走都不要緊這个倒有些不妥帖武正字道小弟先叫差人進來正爲此事此刻少卿兄莫若先賞差人些微銀子叫他仍舊到王

府塘去等他自已回去再做道理拿他少卿依着武書賞了差人四錢銀子差人不敢違拗去了少卿復身進去將這一番話向沈瓊枝說了娘子同姚奶奶倒吃了一驚沈瓊枝起身道這个不妨差人在那裡我便同他一路去少卿道差人我已叫他去了你且用了便飯武先生還有一首詩奉贈等他寫完當下叫娘子和姚奶奶陪着吃了飯自已走到河房裏檢了自已刻的一本詩集等著武正字寫完了詩又稱了四

兩銀子封做程儀叫小厮交與娘子送與沈瓊枝收了沈瓊枝告辭出門上了轎一直回到手帕巷那兩个差人已在門口攔住說道還是原轎子抬了走還是下來同我們走進去是不必的了沈瓊枝道你們是都堂衙門的是巡按衙門的我又不犯法又不打欽案的官司那裡有个攔門不許進去的理你們這般大驚小怪只好嚇那鄉裡人說着下了轎慢慢的走了進去兩个差人倒有些讓他沈瓊枝把詩同銀子收

在一个首飾匣子裡出來叫轎夫你抬我到縣裡去轎夫正要搽錢差人忙說道千差萬差來人不差我們清早起就在杜相公家伺候了半日賠你臉面等你轎子回來你就是女人難道是茶也不吃的沈瓊枝見差人想錢也只不理搽了二十四个轎錢一直就抬到縣裡來差人沒奈何走到宅門上回稟道拏的那个沈氏到了知縣聽說便叫帶到三堂回話帶了進來知縣看他容貌不差問道旣是女流爲甚麽不守

閨範私自逃出又偷竊了宋家的銀兩潛踪在
本縣地方做甚麼沈瓊枝道宋爲富强佔良人
爲妾我父親和他涉了訟他買囑知縣將我父
親斷輸了這是我不共戴天之仇況且我雖然
不才也頗知文墨怎麽肯把一个張耳之妻去
事外黄傭奴故此逃了出來這是眞的知縣道
你這些事自有江都縣問你我也不管你既會
文墨可能當面做詩一首沈瓊枝道請隨意命
一个題原可以求教的知縣指着堂下的槐樹

說道就以此爲題沈瓊枝不慌不忙吟出一首七言八句來又快又好知縣看了賞鑑隨叫兩个原差到他下處取了行李來當堂查點翻到他頭面盒子裡一包碎散銀子一个封袋上寫着程儀一本書一个詩卷知縣看了知道他也和本地名士倡和發了一張批備了一角關文吩咐原差道你們押送沈瓊枝到江都縣一路須要小心不許多事領了回批來繳那知縣與江都縣同年相好就密密的寫了一封書子裝

入關文內托他開釋此女斷還伊父另行擇壻此是後事不題當下沈瓊枝同兩个差人出了縣門僱轎子抬到漢西門外上了儀徵的船差人的行李放在船頭上鎖伏板下安歇沈瓊枝搭在中艙正坐下凉篷小船上又蕩了兩个堂客來搭船一同進到官艙沈瓊枝看那兩个婦人時一个二十六七的光景一个十七八歲喬素打扮做張做致的跟着一个漢子酒糟的一副面孔一頂破氊帽坎齊眉毛挑過一担行李

來也送到中艙裏兩婦人同沈瓊枝一塊兒坐下問道姑娘是到那裡去的沈瓊枝道我是揚州和二位想也同路中年的婦人道我們不到揚州儀徵就上岸了過了一會船家來稱船錢兩个差人咗了一口掣出批來道你看這是甚麽東西我們辦公事的人不問你要貼錢就夠了還來問我們要錢船家不敢言語向別人稱完了開船到了燕子磯一夜西南風清早到了黃泥灘差人問沈瓊枝要錢沈瓊枝道我昨日

聽得明白你們辦公事不用船錢的差人道沈姑娘你也太拿老了叫我們管山吃山管水吃水都像你這一毛不拔我們喝西北風沈瓊枝聽了說道我便不給你錢你敢怎麽樣走出船艙跳上崖去兩隻小脚就是飛的一般竟要自已走了去兩个差人慌忙搬了行李赶着扯他被他一个四門斗里打了一个仰八叉扒起來同那个差人吵成一片吵的船家同那戴破氊帽的漢子做好做歹雇了一乘轎子兩个差人

跟着去了那漢子帶着兩个婦人過了頭道閘一直到豐家巷來覿面迎着王義安叫道細姑娘同順姑娘來了李老四也親自送了來南京水西門近來生意如何李老四道近來被淮清橋那些開三嘴行的擠壞了所以來投奔老爺王義安道這樣甚好我這里正少兩个姑娘當下帶着兩个婊子回到家裡一進門來上面三間草房都用蘆蓆隔着後面就是廚房廚房裡一个人在那裡洗手看見這兩个婊子進來歡

喜的要不的只因這一番有分教烟花簇裡惟憑行勢誇官筆墨叢中偏去眠花醉柳畢竟後事如何且聽下回分解

名士忽風流帶出一分脂粉氣然絕不向綺羅叢中細寫其柔筋脆骨也想英姿颯爽自是作者本來面目故化作女兒身爲大千說法耶

儒林外史第四十一回